Prof. Dr. Joachim Gruber

Gewerblicher Rechtsschutz und Urheberrecht

2. Auflage 2008

ISBN 978-3-86724-131-1

2. Auflage 2008

© 2008 Niederle Media

Bezug über den Buchhandel oder direkt vom Verlag
Niederle Media
48341 Altenberge
Fax (02505) 93 98 99
E-Mail: info@niederle-media.de
www.niederle-media.de

Druck:

▶ Was dieses Skript für Sie tun kann

Vorliegendes Skript soll dem Leser die Möglichkeit geben, sich Grund-
lagenwissen zum Gewerblichen Rechtsschutz und zum Urheberrecht an-
zueignen oder sein bereits vorhandenes Wissen aufzufrischen. Ziel-
gruppe sind sowohl Jurastudenten als auch Studierende der Wirtschafts-,
Sozial- und Ingenieurwissenschaften. Ferner richtet sich dieses Buch an
Patentanwaltskandidaten sowie an Rechtsanwälte, die sich auf ihre Prü-
fungen für den „Fachanwalt für Gewerblichen Rechtsschutz" vorbereiten.

Gewerblicher Rechtsschutz ist ein von juristischen Fachschriftstellern ent-
wickelter Sammelbegriff für verschiedene Schutzrechte, welche für einen
Gewerbetreibenden von Bedeutung sein können. Der Begriff wird auch in
Art. 73 Nr. 9 GG im Zusammenhang mit der ausschließlichen Gesetzge-
bungskompetenz des Bundes erwähnt, aber nicht definiert. Man zählt
darunter

- ➤ das *Patentrecht,*
- ➤ das *Gebrauchsmusterrecht,*
- ➤ das *Halbleiterschutzrecht,*
- ➤ das *Sortenschutzrecht,*
- ➤ das *Geschmacksmusterrecht,*
- ➤ das *Markenrecht,*
  und das *Wettbewerbsrecht,*

welche im Folgenden skizziert werden. Kein Bestandteil des Gewerblichen Rechtsschutzes ist dagegen das *Urheberrecht,* das jedoch zum
besseren Verständnis der Besonderheiten des Gewerblichen Rechtsschutzes meist – so auch im vorliegenden Skript - im Zusammenhang mit
diesem behandelt wird. Viele der gerade genannten Schutzrechte spielen
bei der Nutzung des Internets eine große Rolle – diesem Aspekt wurde
bei der Darstellung der verschiedenen Schutzrechte daher besondere
Aufmerksamkeit geschenkt. Übungsfälle am Ende des Buches ermöglichen eine Lernkontrolle. Dort finden sich auch Hinweise auf weiter-
führende Literatur.

Grundlegende Gerichtsentscheidungen werden mit Datum und Akten-
zeichen zitiert. Sie können damit - sofern sie neueren Datums sind - im
Volltext unter www.bundesgerichtshof.de bzw. unter www.bundesver-
fassungsgericht.de nachgelesen werden. Entscheidungen des Europäischen Gerichtshofes werden im Internet unter www.curia.eu.int/cj/de
veröffentlicht. Im Regelfall gebe ich zusätzlich die Fundstellen in den
beiden führenden Spezialzeitschriften, nämlich „GRUR – Gewerblicher
Rechtsschutz und Urheberrecht" und „WRP – Wettbewerb in Recht und
Praxis", an.

Prof. Dr. jur. Joachim Gruber
D.E.A. (Paris I – Panthéon-Sorbonne)

▶ Inhalt

Gewerblicher Rechtsschutz und Urheberrecht

▶ Aus Rezensionen der Vorauflage

Gruber hat mit dem Skript einen wirklich gelungenen Überblick über ein Rechtsgebiet geschaffen, dem viele Studenten zu wenig Beachtung schenken – und damit auch große berufliche Chancen übersehen. Techniker und Naturwissenschaftler können nämlich als Beamte an das Patentamt gehen und von dort ans Patentgericht als Richter – oder sie können sich zum Patentanwalt weiterbilden. Unser Land ist darauf angewiesen, Ideen zu verkaufen; wir leben schließlich in einer Wissensgesellschaft, in der Schutzrechte, wie sie Gruber vorstellt und behandelt, eine immer wichtigere Rolle spielen. Aber auch derjenige, der Patente wissenschaftlich oder sonst privilegiert (also kostenfrei) nutzen möchte, findet hier wichtige Hinweise.

Das Buch wendet sich nicht nur an Juristen, sondern auch an Wirtschafts-, Sozial- und Ingenieurstudenten sowie Naturwissenschaftler aller Richtungen, denen der Überblick wichtige Anstöße geben kann. Das Verzeichnis weiterführender Literatur ist erfreulich knapp auf wirklich wichtige Werke gehalten und stellt den Ratsuchenden nicht vor eine unübersichtliche Fülle.

Anschaulich stellt Gruber die für den Anfänger zunächst sicher schwierig erscheinenden Rechtsgebiete praxisnah in 22 Übungsfällen dar. Da kann nicht nur der „listige" Domain-Usurpator sowie der Existenzgründer viel Lehrreiches erfahren, und jedermann kann an Hand von Übersichtstabellen z.B. die Unterschiede zwischen Patenten und Gebrauchsmustern nachvollziehen.

Vorsitzender Richter am Bundespatentgericht Dr. Friedrich Albrecht, ACADEMIA 2006, S. 188

Zeitgleich mit dem Beschluss der Bundesrechtsanwaltskammer, einen „Fachanwalt für gewerblichen Rechtsschutz" einzuführen, erschien dieses Büchlein aus der Feder von Gruber. Gruber behandelt den Gewerblichen Rechtsschutz in seiner ganzen Breite: Patentrecht, Gebrauchsmusterrecht, Halbleiter- und Sortenschutzrecht, Geschmacksmusterrecht, Markenrecht und Wettbewerbsrecht; ferner geht er auf das Urheberrecht ein. Entsprechend dem Untertitel des Buchs beschränkt sich Gruber auf die Darstellung der grundlegenden Strukturen der einzelnen Rechtsgebiete. Am meisten Platz hat er dem Patent- und dem Markenrecht gewidmet. Im Kapitel über das Markenrecht schafft es Gruber, auf 23 Seiten nicht nur das Markengesetz abzuhandeln, sondern auch die Rechtsprechung zum Domain-Recht zu skizzieren.

Fazit: Ein gut lesbares, übersichtliches Büchlein zur schnellen Orientierung in diesem praxisrelevanten Rechtsgebiet.

Rechtsanwalt Marc Schüffner, Berliner Anwaltsblatt 2006, S. 144

Das Büchlein kann nicht nur Studenten der Rechts-, Wirtschafts-, Sozial- und Ingenieurwissenschaften, sondern jedem an der aktuellen praktischen Bedeutung von „intellectual property rights" Interessierten warm empfohlen werden; es liefert den gesuchten „schnellen Einstieg" ohne Wenn und Aber.

Professor Dr. Ludwig Gramlich, DuD 2006, S. 194

Fazit: Das Projekt des Autors, eine kompakte Darstellung des Gewerblichen Rechtsschutzes und des Urheberrechts anzubieten, ist gelungen. Als Einsatzgebiet dürfte sich vorrangig die Vorlesung Wirtschaftsprivatrecht an Fachhochschulen anbieten. Mit diesem Buch könnte geholfen werden, diese Vorlesung um einen noch zunehmend wichtig werdenden Aspekt - nämlich den Schutz unternehmerischer Leistungen - auf einfache Weise zu ergänzen.

Dr. Wolfgang Sekretaruk, Mitglied der Beschwerdekammern des Europäischen Patentamts, Lehrbeauftragter an der Technischen Universität Chemnitz, WRP 2006, S.1263

Der gut lesbare Leitfaden biete einen schnellen Einstieg in die Materie. Das preiswerte Büchlein informiert den Gewerbetreibenden prägnant und zuverlässig, wie er seine Rechte sichern kann und in welchen Fällen er mit Schadenersatzklagen Dritter rechnen muss.

Wirtschaft in Südwestsachsen. Mitteilungsblatt der IHK Südwestsachsen Chemnitz-Plauen-Zwickau 2007, S. 48

... des verständlich geschriebenen und aufgrund vieler Beispiele auch sehr anschaulichen Buchs ...

Versorgungswirtschaft 2007, S. 46

Insbesondere bei kleinen und mittelständischen Unternehmen führen strategische Fehler bei der Sicherung gewerblicher Schutzrechte oftmals zu großen Vermögensverlusten, teilweise sogar zur Insolvenz. Dem will vorliegendes Büchlein abhelfen,... Dabei geht der Autor auch auf die Besonderheiten bei der Nutzung des Internets und auf internationale Aspekte ein. Außerdem enthält das Werk Hinweise auf nützliche Internetadressen und auf vertiefende Literatur. Zahlreiche Beispiele veranschaulichen das Gesagte. Insgesamt ein gelungenes Einführungswerk, das einen leicht verständlichen Überblick über die grundlegenden Strukturen des gewerblichen Rechtsschutzes in Deutschland liefert.

Liechtensteinische Juristen-Zeitung 2007, S. 47

1. Grundlagen

Im Folgenden sollen die wichtigsten Akteure im Bereich des Gewerblichen Rechtsschutzes und des Urheberrechts kurz dargestellt werden.

A. Die Anwälte

I. Die Patentanwälte

Wer gewerbliche Schutzrechte sichern will, arbeitet in der Regel mit *einer Patentanwältin/einem Patentanwalt* zusammen. Dabei handelt es sich um Hochschulabsolventen, die nach ihrem Universitätsstudium der Ingenieur- oder Naturwissenschaft eine dreijährige praktische Ausbildung auf dem Gebiet des Gewerblichen Rechtsschutzes durchlaufen und dann eine Prüfung vor einer Kommission des Deutschen Patent- und Markenamts bestanden haben. Der Patentanwalt übt – wie z.B. auch der Rechtsanwalt – einen Freien Beruf aus. Rechtsgrundlage für die Berufsausübung ist die Patentanwaltsordnung (PatAnwO) vom 7.9.1996 (BGBl. I 557) i.d.F. vom 6.8.1998 (BGBl. I 2030). Bei seiner Vergütung werden die Regelungen des Rechtsanwaltsvergütungsgesetzes (RVG) entsprechend angewandt. Bei Prozessen ist daher der Streitwert entscheidend; die Streitwerte liegen im Gewerblichen Rechtsschutz regelmäßig ziemlich hoch.

Beispiel: In Markenrechtsstreitigkeiten nimmt der Bundesgerichtshof einen Regelwert von 50.000 Euro an (BGH, Beschl.v. 16.3.2006 – I ZB 48/05, GRUR 2006, 704). Der Regelwert wird dann angewandt, wenn es keine konkreten Anhaltspunkte gibt (wie z.B. ein kürzlich erfolgter Verkauf der Marke), anhand derer sich der Wert einer bestimmten Marke bestimmen lässt. Bei Patentrechtsstreitigkeiten ist der Streitwert meist sogar noch deutlich höher.

Der Patentanwalt ist nicht nur der Berater des Unternehmers, sondern kann ihn auch vor Gerichten vertreten. So kann er vor dem Bundespatentgericht und bei bestimmten Verfahren sogar vor dem Bundesgerichtshof in Karlsruhe

10

auftreten. Vor dem Gerichtshof der Europäischen Gemeinschaften sind Patentanwälte allerdings nicht vertretungsbefugt (EuG, Beschl.v. 9.9.2004, Rs. T-14/04, Alto de Casablanca, zitiert nach juris).

II. Die Fachanwälte für Gewerblichen Rechtsschutz

Die Fachanwälte für Gewerblichen Rechtsschutz sind Rechtsanwälte, also ausgebildete Juristen. Nach der Fachanwaltsordnung (FAO) i.d.F. vom 1.11.2006 muss der Betreffende eine dreijährige Berufspraxis nachweisen (§ 3 FAO), in der er 80 Fälle aus mindestens drei verschiedenen Bereichen des Gewerblichen Rechtsschutzes eigenverantwortlich bearbeitet hat (§ 5o FAO). Ferner muss er an einem auf die Fachanwaltsbezeichnung vorbereitenden Lehrgang erfolgreich teilgenommen haben (§§ 4, 4a FAO). Die dabei nachzuweisenden Kenntnisse (§ 14h FAO) decken sich mit dem Inhalt des vorliegenden Skripts.

B. Wichtige Behörden

I. Das Deutsche Patent- und Markenamt (DPMA)

Die wichtigste Behörde ist das *Deutsche Patent- und Markenamt* (DPMA) mit Sitz in München. Diese Bundesbehörde, die dem Bundesjustizministerium untersteht, besteht aus Mitgliedern mit Befähigung zum Richteramt (rechtskundige Mitglieder) und Mitgliedern, die in einem Zweig der Technik sachkundig sind (technische Mitglieder), § 26 PatG.

II. Das Europäische Patentamt

Das Europäische Patentamt ist das Organ der Europäischen Patentorganisation. Die Europäische Patentorganisation ist keine Institution der Europäischen Gemeinschaft, sondern ein eigenständiges Völkerrechtssubjekt. Mitgliedstaaten sind nicht nur die Staaten der EG, sondern auch Liechtenstein, Monaco und die Schweiz. Das Europäische Patentamt hat seinen Sitz in München und eine Zweigstelle in Den Haag (Niederlande).

III. Das HABM – Harmonisierungsamt für den Binnenmarkt (Marken, Muster und Modelle)

Das HABM ist eine Einrichtung der Europäischen Gemeinschaft mit Sitz in Alicante (Spanien). Entgegen des Namens hat das Amt keine Harmonisierungsbefugnisse, sondern ist nur für die Anmeldung der EG-Marken, Muster und Modelle zuständig.

IV. Die WIPO - World Intellectual Property Organization

Die WIPO (deutsche Bezeichnung: Weltorganisation für geistiges Eigentum) ist eine Sonderorganisation der Vereinten Nationen mit Sitz in Genf (Schweiz). Sie hat die Aufgabe, den Schutz des geistigen Eigentums durch Zusammenarbeit der Staaten weltweit zu fördern.

C. Gerichte

I. Das Bundespatentgericht

Das Bundespatentgericht ist ein Gericht ohne Unterbau (es gibt keine Landespatentgerichte o.ä.). Es hat seinen Sitz in München.

II. Der Gerichtshof der Europäischen Gemeinschaften

Der Gerichtshof der Europäischen Gemeinschaften mit Sitz in Luxemburg ist das Rechtsprechungsorgan der Europäischen Gemeinschaft (Art. 220 bis 245 EG-Vertrag). Der Gerichtshof der Europäischen Gemeinschaften (Gemeinschaft*en*, weil zuständig für die Europäische [früher: Wirtschafts-] Gemeinschaft und die Europäische Atomgemeinschaft) besteht aus dem Gerichtshof (meist Europäischer Gerichtshof, kurz *EuGH* bezeichnet) und dem Gericht erster Instanz (kurz *EuG*). Das EuG ist u.a. zuständig für Klagen über Gemeinschaftsmarken, Sortenschutzrecht, Muster- und Modelle (Art. 229a EG-Vertrag). Gegen die Entscheidungen des EuG können grundsätzlich Rechtsmittel beim EuGH eingelegt werden.

Auslegungsbefugt ist der Gerichtshof der Europäischen Gemeinschaften zum einen bei Verordnungen (VO) der Europäischen Gemeinschaft, welche nach Art. 249 Abs. 2 EG-Vertrag ohne zusätzlichen Umsetzungsakt unmittelbare Geltung in allen Mitgliedstaaten der EG haben. Zum anderen besteht eine Auslegungsbefugnis bei EG-Richtlinien, welche sich an die nationalen Gesetzgeber wenden und von diesen erst durch entsprechende Normen umgesetzt werden müssen. Der Gerichtshof der Europäischen Gemeinschaften kann sowohl bei Verordnungen als auch bei Richtlinien über deren Auslegung entscheiden. Voraussetzung ist jeweils, dass nationale Gerichte dem Gerichtshof den Rechtsstreit zur sog. Vorabentscheidung vorlegen.

In folgenden Rechtsgebieten gibt es Verordnungen bzw. Richtlinien (siehe auch im Internet unter http:/europa.eu.int/eur.lex/):

Patentrecht
- Richtlinie 98/44/EG vom 6.7.1998 über den rechtlichen Schutz biotechnologischer Erfindungen

Halbleiterschutz
- Richtlinie 87/54/EWG vom 16.12.1986 über den Rechtsschutz der Topographien von Halbleitererzeugnissen

Sortenschutz
- VO (EG) 2100/94 vom 27.7.1994 über den gemeinschaftlichen Sortenschutz

Geschmacksmusterrecht
- VO (EG) 6/2002 vom 12.12.2001 über das Gemeinschaftsgeschmacksmuster
- Richtlinie 98/71/EG vom 13.10.1998 über den rechtlichen Schutz von Mustern und Modellen

Markenrecht
- VO (EG) 40/94 über die Gemeinschaftsmarke vom 20.12.1993
- Richtlinie 89/104/EWG vom 21.12.1988 zur Angleichung der Rechtsvorschriften der Mitgliedstaaten über die Marken
- VO (EG) Nr. 510/2006 des Rates vom 20.3.2006 zum Schutz geographischer Angaben und Ursprungsbezeichnungen für Agrarerzeugnisse und Lebensmittel

Wettbewerbsrecht
- Art. 28, 49 und 56 EG-Vertrag
- Richtlinie 97/55/EG zur Änderung der Richtlinie 84/450/EWG über irreführende Werbung zwecks Einbeziehung der vergleichenden Werbung

Urheberrecht
- Richtlinie 91/250/EWG vom 14.5.1991 über den Rechtsschutz von Computerprogrammen
- Richtlinie 96/9/EG vom 11.3.1996 über den rechtlichen Schutz von Datenbanken
- Richtlinie 2001/29/EG vom 22.5.2001 zur Harmonisierung bestimmter Aspekte des Urheberrechts und der verwandten Schutzrechte in der Informationsgesellschaft

Diese Aufzählung ist nicht abschließend, sie soll nur einen Eindruck von der Bedeutung des EG-Rechts auf den nationalen Gewerblichen Rechtsschutz und das Urheberrecht geben.

Kein EG-Recht, sondern ein im Rahmen der Welthandelsorganisation (World Trade Organization – WTO) abgeschlossenes Abkommen ist das **TRIPS** (Agreement on Trade-Related Aspects on Intellectual Property Rights). Das „Übereinkommen über handelsbezogene Aspekte der Rechte des geistigen Eigentums", so die deutsche Bezeichnung, vom 15.4.1994 (BGBl. II 1730) enthält z.B. den Grundsatz der Inländergleichbehandlung, d.h. fremde Staatsangehörige dürfen gegenüber Inländern nicht benachteiligt werden. Obwohl dieses Abkommen kein unmittelbares EG-Recht ist (die EG und ihre Mitgliedstaaten sind ihm nur beigetreten), haben die Gerichte der EG-

Staaten das TRIPS-Übereinkommen bei der Auslegung der nationalen Rechtsvorschriften „soweit wie möglich" zu berücksichtigen (so EuGH, Urt.v. 13.9.2001, Rs. C-89/99, Slg. 2001, I-5951 = GRUR Int. 2002, 41) und der EuGH selbst sieht sich auch als berufen an, das TRIPS-Übereinkommen auszulegen (EuGH, Urt.v. 16.11.2004, Rs. C-245/02, GRUR 2005, 153).

2. Patentrecht

A. Voraussetzungen für die Patentfähigkeit

Nach **§ 1 Abs. 1 PatG** werden Patente für Erfindungen erteilt, die neu sind, auf einer erfinderischen Tätigkeit beruhen und gewerblich anwendbar sind. Die Erfindung kann sich dabei sowohl auf ein *Erzeugnis* als auch auf ein *Verfahren* beziehen (**§ 9 PatG**). Die in § 1 Abs. 1 PatG genannten Kriterien werden in den folgenden Paragraphen noch näher definiert. Keine Angaben enthält das Gesetz allerdings dazu, was eine Erfindung überhaupt ist. Nach der Rechtsprechung ist eine Erfindung eine Lehre zum technischen Handeln, mit der ein technisches Problem gelöst wird.

Der Begriff der *Neuheit* wird in § 3 PatG beschrieben. Danach gilt eine Erfindung als neu, wenn sie nicht zum Stand der Technik gehört. Zum Stand der Technik gehört alles, was irgendwo auf der Welt durch schriftliche oder mündliche Beschreibung, durch Benutzung oder in sonstiger Weise der Öffentlichkeit zugänglich gemacht worden ist. Erkenntnisquellen sind in erster Linie schriftliche Beschreibungen; auf die Sprache kommt es nicht an.

Beispiel: Prof. Egon Eitel hat einen neuartigen Hybridmotor erfunden. Um seinen wissenschaftlichen Ruhm zu mehren, schreibt er seine Erkenntnisse in einem Aufsatz in englischer Sprache nieder, der im „New Technical Journal of Ruanda" veröffentlicht wird. Dann setzt er seinen Arbeitgeber, eine Hochschule, von der Erfindung in Kenntnis. Da diese die Erfindung nicht für sich beansprucht, meldet Egon Eitel seine Erfindung selbst beim DPMA an.

Das DPMA wird eine Patenterteilung jedoch ablehnen, da die Erfindung nicht mehr „neu" im Sinne des § 1 Abs. 1 i.V.m. § 3 PatG ist: Durch die Zeitschriftenveröffentlichung wurde sie der Allgemeinheit zugänglich gemacht. Unerheblich ist, dass der Erfinder selbst der Autor des Aufsatzes ist.

Die *erfinderische Tätigkeit*, oft auch als *Erfindungshöhe* bezeichnet, wird in § 4 Satz 1 PatG definiert. Danach gilt eine Erfindung als auf einer erfinderischen Tätigkeit beruhend, wenn die Erfindung sich für den Fachmann nicht in naheliegender Weise aus dem Stand der Technik ergibt. Maßstab für die „Erfindungshöhe" ist daher der Abstand der Erfindung vom Stand der Technik. In der Praxis ist dies in der Regel der problematischste Punkt bei einer Patentanmeldung.

Gewerbliche Anwendbarkeit ist nach § 5 PatG gegeben, wenn die Erfindung in irgendeinem gewerblichen Gebiet hergestellt oder benutzt werden kann. Dies setzt voraus, dass die Erfindung mit den derzeit verfügbaren Geräten ausführbar ist und dass die Wiederholbarkeit der die Erfindung darstellenden Lehre gegeben ist. Ausdrücklich ausgenommen vom Begriff der gewerblichen Anwendbarkeit hat der Gesetzgeber chirurgische und therapeutische Methoden von Ärzten, Zahnärzten und Tierärzten (§ 5 Abs. 2 Satz 1 PatG).

Keine Erfindung sind – wie das Gesetz ausdrücklich klarstellt (§ 1 Abs. 2 Nr. 1 und 2 PatG) - Entdeckungen, wissenschaftliche Theorien und ästhetische Formschöpfungen (bei diesen besteht eventuell Schutz nach dem Urheberrechtsgesetz) sowie Computerprogramme (§ 1 Abs. 2 Nr. 3 PatG). Allerdings gilt dieser Ausschluss nicht für Computerprogramme, die auf technischen Überlegungen beruhen, z.B. Teilschritt im Verfahren zur Erzeugung eines Chips; diese sind patentfähig.

Ausdrücklich ausgeschlossen hat der Gesetzgeber in § 2 PatG die Patentierbarkeit bei Erfindungen, deren Veröffentlichung oder Verwertung gegen die öffentliche Ordnung oder die guten Sitten verstoßen würde und in § 2a PatG die Patentierbarkeit von *Pflanzensorten* und *Tierrassen* sowie von im Wesentlichen biologischen Verfahren zur Züchtung von Pflanzen und Tieren.

B. Die Patentanmeldung

Die Patentanmeldung erfolgt beim DPMA (§ 34 Abs. 1 PatG) oder bestimmten Patentinformationszentren (§ 34 Abs. 2 PatG). Der Erfinder hat folgende Anmeldeunterlagen vorzulegen:
- Antrag auf Erteilung eines Patents, in dem die *Erfindung* kurz, aber genau bezeichnet werden muss,
- einen oder mehrere *Patentansprüche*, in denen anzugeben ist, was unter Patentschutz gestellt werden soll,
- eine Beschreibung der Erfindung,
- zusätzlich Zeichnungen, wenn in der Beschreibung oder in den Patentansprüchen darauf hingewiesen worden ist.

C. Das Recht auf das Patent

Das Recht auf das Patent ist in **§ 6 PatG** geregelt. Danach hat das Recht auf das Patent der Erfinder oder sein Rechtsnachfolger. Haben *mehrere gemeinsam* eine Erfindung gemacht, so steht ihnen das Recht auf das *Patent gemeinschaftlich* zu. Haben mehrere die Erfindung *unabhängig voneinander* gemacht, so steht das Recht dem zu, der die Erfindung *zuerst beim DPMA angemeldet hat.*

Beispiel 1: Ein Team von fünf Forschern macht gemeinsam eine Erfindung. Allen fünf steht dann das Recht an dem Patent gemeinschaftlich zu.

Beispiel 2: Ein Erfinder in Köln macht am 1. April eine Erfindung. Vor lauter Freude feiert er zwei Wochen und meldet dann am 15. April seine Erfindung beim DPMA an. Ein anderer Erfinder in München macht am 10. April dieselbe Erfindung und meldet sie am 11. April an. Damit steht das Recht an dem Patent dem Münchner zu. Daran erkennt man die Bedeutung einer schnellen Anmeldung.

D. Die Prüfung der Anmeldung durch das DPMA und die Offenlegung der Erfindung

Nach Eingang der Anmeldung erfolgt eine *formale Prüfung* von Amts wegen durch das DPMA (§ 42 PatG). Genügt die Anmeldung den Anforderungen der §§ 34, 36, 37 und 38 PatG offensichtlich nicht, so fordert die Prüfungsstelle den Anmelder auf, die Mängel innerhalb einer bestimmten Frist zu beseitigen.

Die Prüfung der Patentfähigkeit erfolgt nur auf *Antrag* (§ 44 Abs. 1 PatG). Dieser Antrag kann vom Erfinder sowie jedem Dritten bis zum Ablauf von sieben Jahren nach Einreichung der Anmeldung gestellt werden. Der Grund für diese lange Frist liegt darin, dass man dem Erfinder die Möglichkeit geben will, zur Sicherung seiner Rechte sofort ein Patent zu geringen Kosten anzumelden und dann, bevor höhere Kosten entstehen, in aller Ruhe die Patentfähigkeit seiner Erfindung und die Chancen der wirtschaftlichen Verwertung des Patents zu prüfen.

Wenn ein Antrag auf Prüfung der Patentfähigkeit zunächst nicht gestellt wird, erfolgt 18 Monate nach Eingang der Patentanmeldung die sogenannte *„Offenlegung"* der Anmeldeunterlagen im Patentblatt (§§ 31 Abs. 2, 32 Abs. 5 PatG), einem offiziellen Mitteilungsblatt. Nach der Offenlegung hat der Anmelder das Recht, von denjenigen Nutzern seiner Erfindung, die wussten oder wissen mussten, dass die von ihnen benutzte Erfindung Gegenstand der Anmeldung war, eine angemessene Entschädigung zu verlangen (§ 33 Abs. 1 PatG). Die weitergehenden Ansprüche auf Unterlassung (§ 139 Abs. 1 PatG), Vernichtung (§ 140a PatG) und Auskunft (§ 140b PatG) stehen dem Anmelder jedoch erst nach der Patenterteilung zu.

E. Die Patenterteilung

Die Patenterteilung (**§ 49 PatG**) erfolgt durch einen Beschluss der Prüfungsstelle. Dem Anmelder wird dann durch das DPMA eine *Patentschrift* erteilt (§ 32 Abs. 3 PatG). Ferner wird das Patent in die *Patentrolle* eingetragen (§ 30 PatG). Die Patentrolle ist ein öffentliches Register, in das jedermann Einsicht nehmen kann (§ 31 Abs. 1 Satz 2 PatG); aus dieser Rolle geht auch der Name des Patentinhabers hervor. Wer im Internet recherchieren möchte, welche Patente es in Deutschland gibt, kann dies übrigens auch auf einer vom DPMA gepflegten Internetseite unter www.depatisnet.de tun. Es gibt allerdings eine Ausnahme vom Grundsatz der Öffentlichkeit: Bei Staatsgeheimnissen wird ein *Geheimpatent* erteilt (§ 50 PatG), das in eine besondere Rolle eingetragen wird (§ 54 PatG). Dies betrifft Erfindungen im militärischen Bereich.

Außerdem erfolgt die Veröffentlichung des Patents im *Patentblatt*. Mit dieser Veröffentlichung treten die gesetzlichen Wirkungen des Patents ein (§ 58 Abs. 1 PatG).

F. Dauer des Patents und seine Kosten

Die Dauer des Patentschutzes ist begrenzt. Sie beträgt *maximal 20 Jahre* ab Anmeldung (**§ 16 Abs. 1 Satz 1 PatG**) und ist danach nicht mehr verlängerbar. Eine Sonderregel enthält allerdings § 16a PatG für Arzneimittel und Pflanzenschutzmittel. Diese können nach Ablauf der 20 Jahre zusätzlich noch einmal für maximal fünf Jahre Patentschutz genießen.

Die Beantragung und Erteilung eines Patents verursacht *Kosten*: Die Anspruchsgrundlage steht jeweils im PatG, die Gebührenhöhe ergibt sich aus einem Spezialgesetz, dem PatentgebührenG. Derzeit muss ein Erfinder mit folgenden Gebühren rechnen:

- Gebühr für die Anmeldung (§ 34 Abs. 6 PatG): 60 Euro.
- Recherchegebühr (§ 43 PatG): 250 Euro.
- Gebühr für den Antrag auf Prüfung der Anmeldung (§ 44 Abs. 3 PatG): 150 Euro (nach Recherche; ohne vorherige Recherche: 350 Euro).
- Jahresgebühren für das 3. bis zum 20. Jahr ab Anmeldung (§ 17 PatG): 70 bis 1.940 Euro.

Die Besonderheit bei den Jahresgebühren besteht darin, dass diese mit der Dauer des Patentschutzes ansteigen. Der Höchstbetrag von fast 2000 Euro wird im 20sten Jahr der Anmeldung erreicht. Der Grund dafür liegt darin, dass der Gesetzgeber den Erfinder „anregen" möchte, darüber nachzudenken, ob er sein Patent nicht freigeben will. Dann könnte es von allen Unternehmen ohne Zahlung von Lizenzgebühren genutzt werden, was der Gesetzgeber volkswirtschaftlich für sinnvoll hält.

G. Das Recht des Erfinders aus dem Patent

Der Patentinhaber hat ein positives Benutzungsrecht (**§ 9 PatG**). Er allein ist befugt, die patentierte Erfindung zu nutzen. Er ist zur Nutzung aber nicht verpflichtet; wenn er sein Patent nicht nutzt, verfällt es nicht. In Extremsituationen kann der Patentinhaber allerdings verpflichtet sein, dann Dritten eine *Zwangslizenz* einzuräumen. Nach **§ 24 PatG** setzt die Verpflichtung zur Einräumung von Zwangslizenzen aber ein öffentliches Interesse voraus. Dies wäre z.B. bei Arzneimitteln gegen Krebs zu bejahen. Wenn der Patentinhaber eines solchen Patents das patentierte Arzneimittel nicht oder zumindest nicht im notwendigen Umfang herstellen und Dritten auch keine Lizenzen einräumen will, kann ein interessierter Dritter eine entsprechende Klage vor dem Bundespatentgericht einreichen (§ 85 PatG).

Der Patentinhaber kann gegen Patentverletzungen vorgehen (**§ 139 PatG**). Zuständig für diese Prozesse sind die *Zivilgerichte* (LG, OLG, BGH). Erste Instanz ist unabhängig vom Streitwert das Landgericht (§ 143 Abs. 1 PatG).

Das Recht des Erfinders aus dem Patent hat aber *Grenzen*. Nach § 11 PatG erstreckt sich die Wirkung des Patents nicht auf

- Handlungen, die im privaten Bereich zu *nichtgewerblichen Zwecken* vorgenommen werden;
- Handlungen zu *Versuchszwecken*: zu Versuchszwecken darf das geschützte Erzeugnis hergestellt wie auch das geschützte Verfahren angewendet werden (z.B. bei Arzneimitteln zur Prüfung, ob und gegebenenfalls in welcher Form der Wirkstoff geeignet ist, bestimmte weitere Krankheiten beim Menschen zu heilen);
- Apotheker können das geschützte Präparat aufgrund *ärztlicher Verordnung im Einzelfall* zubereiten.

Außerdem kann das Patent durch ein sog. *Vorbenutzungsrecht* beschränkt werden (**§ 12 PatG**). Danach tritt die Wirkung des Patents gegen denjenigen nicht ein, der zur Zeit der Anmeldung im Inland die Erfindung in Benutzung genommen oder die dazu erforderlichen Vorkehrungen getroffen hat. Dieser ist befugt, die Erfindung für die Bedürfnisse seines eigenen Betriebs in eigenen oder fremden Werkstätten auszunutzen.

H. Einspruchsverfahren gegen die Patenterteilung

Auf einen Einspruch hin wird ein *Patent widerrufen*, wenn einer der in **§ 21 PatG** genannten Widerrufsgründe (u.a. Erfindung ist nicht patentfähig, das Patent wurde einem anderen widerrechtlich entnommen) vorliegt. Die Einspruchsfrist endet drei Monate nach Veröffentlichung der Patenterteilung (§ 59 PatG). Grundsätzlich ist jeder Dritte einspruchsberechtigt, er muss kein eigenes Rechtsschutzbedürfnis geltend machen. Der Gesetzgeber verhindert mit einem recht einfachen Mittel, dass das Einspruchsverfahren trotz des weiten Kreises von Einspruchsberechtigten zur Tummelwiese für Querulanten wird: Erweist sich der Einspruch als unbegründet, muss derjenige, der den Einspruch eingelegt hat, die Verfahrenskosten bezahlen.

Über den Einspruch entscheidet grundsätzlich die Patentabteilung des DPMA durch Beschluss (§ 61 Abs. 1 PatG). Gegen diesen Beschluss ist Beschwerde vor dem Bundespatentgericht (dazu §§ 65 bis 72 PatG) möglich (§ 73 PatG). Dieses entscheidet durch Beschluss (§ 79 PatG). Auf Antrag eines Beteiligten kann der Einspruch auch direkt durch das Bundespatentgericht entschieden werden (§ 61 Abs. 2 PatG i.d.F. vom 21.6.2006).

Gegen den Beschluss des Bundespatentgerichts kann Rechtsbeschwerde beim Bundesgerichtshof (BGH) eingelegt werden, wenn das Bundespatentgericht sie zugelassen hat (§ 100 Abs. 1 PatG) oder wenn ein Verfahrensmangel gerügt wird (§ 100 Abs. 3 PatG). Neue Tatsachen können grundsätzlich nicht mehr vorgebracht werden (§ 107 Abs. 2 PatG). Im Rechtsbeschwerdeverfahren müssen sich die Beteiligten vor dem BGH von einem beim BGH zugelassenen Rechtsanwalt vertreten lassen, § 102 Abs. 5 PatG.

I. Nichtigkeitsverfahren

Ein Patent kann ferner durch das nicht fristgebundene Nichtigkeitsverfahren angegriffen werden. Auch hier muss einer der Nichtigkeitsgründe des § 21 PatG vorliegen (§ 22 PatG). Nach § 81 PatG muss in diesem Fall *Klage vor dem Bundespatentgericht* erhoben werden (zum Verfahren vor dem Bundespatentgericht s. §§ 87 ff. PatG). Die Klage ist allerdings ausgeschlossen, solange ein Einspruch noch möglich oder noch anhängig ist (§ 81 Abs. 2 PatG). Der Klage steht aber nicht entgegen, dass man eventuell bereits erfolglos das Einspruchsverfahren betrieben hat. Jeder Dritte kann klagen; auch hier ist kein Rechtsschutzinteresse notwendig.

Das Bundespatentgericht entscheidet durch Urteil (§ 84 PatG). Dagegen ist Berufung beim BGH zulässig (§ 110 PatG). Die Berufungsfrist beträgt einen Monat (§ 110 Abs. 3 PatG) nach Zustellung des Urteils. Das Vorbringen neuer Tatsachen ist nur begrenzt möglich (§ 117 PatG). In diesem Verfahren darf jeder Patentanwalt vor dem BGH auftreten (§ 111 Abs. 4 PatG).

Der Unterschied zum Einspruchsverfahren besteht vor allem darin, dass beim Nichtigkeitsverfahren das *Kostenrisiko* für denjenigen, der ein Patent vernichten will, größer ist.

Rechtsschutz im Patentrecht

A. Rechtsmittel Dritter gegen die Patenterteilung:
1. Einspruchsverfahren
- Gegen die Patenterteilung ist innerhalb von drei Monaten nach der Veröffentlichung Einspruch beim DPMA möglich.
- Gegen den Beschluss des DPMA ist Beschwerde vor dem Bundespatentgericht möglich.
- Gegen den Beschluss des Bundespatentgerichts ist Rechtsbeschwerde beim BGH möglich.
2. Nichtigkeitsverfahren
- Gegen die Patenterteilung ist unbefristet Klage vor dem Bundespatentgericht möglich.
- Gegen das Urteil des Bundespatentgerichts ist Berufung beim BGH möglich.

B. Klage des Patentinhabers gegen den Patentverletzer im Patentverletzungsprozess:
- Klage des Patentinhabers gegen den Patentverletzer vor dem Landgericht (Gericht kann die Rechtmäßigkeit der Patenterteilung nicht überprüfen).
- Gegen das Urteil des Landgerichts kann der Unterlegene Berufung vor dem Oberlandesgericht oder bei Rechtssachen mit grundsätzlicher Bedeutung direkt Sprungrevision beim BGH einlegen.
- Gegen das Berufungsurteil des Oberlandesgerichts kann Revision vor dem BGH eingelegt werden.

J. Arbeitnehmererfinderrecht

Aufgrund der großen wirtschaftlichen Bedeutung der Arbeitnehmererfindungen gibt es für diese Sachverhalte ein spezielles Gesetz, das *„Gesetz über Arbeitnehmererfindungen
(ArbNErfG)"*.

Dieses Gesetzes erfasst in personeller Hinsicht alle Arbeitnehmer im privaten und öffentlichen Dienst sowie die Be-
amten (§ 1 ArbNErfG) und in sachlicher Hinsicht Erfindung-
en (§ 2 ArbNErfG) sowie technische Verbesserungsvorschläge (§ 3 ArbNErfG). Praktikanten und Doktoranden
fallen nur dann unter dieses Gesetz, wenn sie in die Forschung des Unternehmens organisatorisch eingebunden
sind, nicht aber schon dann, wenn das Unternehmen ihnen
nur bestimmte Gerätschaften zur Forschung zur Verfügung
stellt.

Grundlegend für die Anwendung des Arbeitnehmererfin-
derrechts ist die Unterscheidung in „Diensterfindungen" und
„Freie Erfindungen". *Diensterfindungen* sind nach § 4 Abs. 2
ArbNErfG alle Erfindungen, die während der betrieblichen
Tätigkeit entstanden sind oder maßgeblich auf Erfahrungen
oder Arbeiten des Betriebes oder der öffentlichen Verwal-
tung beruhen. *Freie Erfindungen* sind nach § 4 Abs. 3
ArbNErfG alle Erfindungen, die keine Diensterfindungen
sind. Grundsätzlich besteht nach der Rechtsprechung eine
Vermutung dafür, dass eine Diensterfindung vorliegt. Der
Grund für die weite Definition der Diensterfindung ist offensichtlich: Der Gesetzgeber will vermeiden, dass ein Arbeitnehmer, der kurz vor einer wichtigen Erfindung steht, die
Versuchsreihe im Unternehmen abbricht, Urlaub beantragt,
die Versuche zu Hause zu Ende führt und die Erfindung
dann als seine eigene Privaterfindung beim DPMA anmel-
det.

Bei Diensterfindungen hat der Arbeitnehmer nach § 5
ArbNErfG eine *Meldepflicht*: Er muss die Erfindung unver-
züglich und schriftlich seinem Arbeitgeber melden. Nimmt
der Arbeitgeber dann die Erfindung für sich in Anspruch

(§§ 6, 7 ArbNErfG), gehen die Rechte an der Erfindung auf ihn über (§ 7 Abs. 1 ArbNErfG). Der Arbeitgeber muss dann auch selbst die Erfindung beim DPMA anmelden (§ 13 ArbNErfG). Im Gegenzug erwirbt der Arbeitnehmer einen *Vergütungsanspruch* (§§ 9, 10 ArbNErfG). Bezüglich der Höhe dieses Anspruchs finden sich ausführliche Regelungen in den „Richtlinien (des Bundesministeriums für Arbeit und Sozialordnung) für die Vergütung von Arbeitnehmererfindungen im privaten Dienst". Die Höhe dieser Vergütung orientiert sich an den in den einzelnen Branchen üblicherweise gezahlten Lizenzgebühren. Nimmt der Arbeitgeber die Erfindung dagegen nicht für sich in Anspruch, verbleiben alle Rechte beim Arbeitnehmer – in diesem Fall wird der Arbeitnehmer in einer Forschungsabteilung allerdings kaum Karriere machen. Auch bei einer freien Erfindung besteht eine Mitteilungspflicht (§ 18 ArbNErfG).

Beispiel: Erfinder Erwin ist in der Forschungsabteilung von Porsche tätig und beschäftigt sich dort mit kraftstoffsparenden Motoren. In seiner Freizeit erfindet er einen Korkenzieher, bei dem keine Korkenbrösel in die Flasche fallen. Auch diese Erfindung muss er seinem Arbeitgeber mitteilen, obwohl sie nichts mit seiner beruflichen Tätigkeit zu tun hat. Grund: Bei Grenzfällen soll der Arbeitgeber prüfen können, ob wirklich eine freie Erfindung vorliegt oder ob es sich nicht doch um eine Diensterfindung handelt.

Wie bei der Diensterfindung besteht auch bei der freien Erfindung eine Anbietungspflicht (§ 19 ArbNErfG). Allerdings kann der Arbeitgeber die Erfindung nicht einfach für sich in Anspruch nehmen, sondern der Arbeitnehmer muss sie ihm nur zu angemessenen Bedingungen anbieten. Wenn der Arbeitgeber diese nicht akzeptiert, kann der Arbeitnehmer die Erfindung einem beliebigen Dritten zur Verwertung überlassen.

Diese eben dargestellten Regeln gelten nicht nur für Erfindungen, sondern auch für *technische Verbesserungsvorschläge*, die dem Arbeitgeber eine ähnliche Vorzugsstellung gewähren wie ein gewerbliches Schutzrecht (§ 20 ArbNErfG). Auch in diesem Fall hat der Arbeitnehmer Anspruch auf angemessene Vergütung.

Eine Besonderheit besteht bezüglich der *Rechtsstreitigkeiten* im Zusammenhang mit Arbeitnehmererfindungen. Während im Regelfall für Streitigkeiten zwischen einem Arbeitgeber und einem Arbeitnehmer das Arbeitsgericht zuständig ist, trifft hier das Gesetz eine abweichende Regelung: Zuerst müssen die Parteien ein Schiedsverfahren vor der Schiedsstelle beim DPMA einleiten (§§ 28 ff ArbNErfG). Diese macht dann einen Einigungsvorschlag (§ 34 ArbNErfG). Wird vor der Schiedsstelle keine Einigung erzielt, können die Parteien Klage vor dem Landgericht (§ 39 ArbNErfG, § 143 PatG) erheben; die Arbeitsgerichte sind für diese Streitigkeiten also nicht zuständig.

3. Internationales Patentrecht

Im Patentrecht gilt der „*Grundsatz der Territorialität*". Danach entfaltet ein Patent seine Schutzwirkung nur in dem Staat, in dem es erteilt wurde.

Beispiel: Der Inhaber eines (nur) in Deutschland erteilten Patents kann anderen Unternehmen nicht untersagen, diese patentierten Gegenstände in Argentinien herzustellen und dort und in den USA zu vertreiben. Nur dann, wenn die im Ausland hergestellten Gegenstände nach Deutschland importiert werden sollen, greift sein Patentschutz.

Zur Lösung dieses Problems begann man schon Ende des 19. Jahrhunderts, durch internationale Abkommen (d.h. *völkerrechtliche Verträge*) die Stellung des Erfinders zu verbessern. Eine völlige Harmonisierung des Patentrechts auf internationaler Ebene scheiterte aber an nationalen Interessen. Die bestehenden Vereinbarungen beschränken sich daher darauf, Ausländern ebenso wie den Inländern einen raschen Erwerb von Schutzrechten zu ermöglichen oder – in der Wirkung ähnlich - durch eine einzige (internationale) Anmeldung und Eintragung Rechte in allen Vertragsstaaten zu erwerben, zielen also auf eine Verfahrensvereinfachung und damit auf eine Kostenentlastung für den Erfinder ab.

A. Die Pariser Verbandsübereinkunft (PVÜ)

Die Pariser Verbandsübereinkunft zum Schutze des gewerblichen Eigentums (PVÜ) trat bereits 1883 in Kraft und wurde danach mehrfach geändert (letzte Fassung BGBl. 1970 II 391, Änderung BGBl. 1984 II 799). Über 160 Staaten sind diesem Abkommen beigetreten, darunter alle europäischen (also auch Deutschland, vgl. BGBl. 1971 II 1015) und fast alle großen außereuropäischen Staaten. Dieses Abkommen führte zu keiner Vereinheitlichung des Patentrechts, sondern setzte nur den Grundsatz der Inländergleichbehandlung (kein Sonderrecht für Fremde) durch.

Beispiel: In einem Staat, der dem Abkommen beigetreten ist, dürfen Ausländer aus anderen Abkommensstaaten nicht dadurch benachteiligt werden, dass sie höhere Gebühren als Inländer zahlen müssen oder dass für sie zusätzlich formale Hürden für die Patentanmeldung aufgebaut werden.

Zugleich gewährt die PVÜ einen schutzrechtlichen Mindeststandard (z.B. Recht des Erfinders auf Erfinderbenennung). Für die Praxis wichtig ist das *Prioritätsrecht*: Im Falle einer Nachmeldung innerhalb von 12 Monaten nach der Erstanmeldung wird bei der Beurteilung der Schutzvoraussetzungen der gleiche Stand der Technik zugrundegelegt. Für die Entstehung des Vorbenutzungsrechts ist das Datum der ausländischen Anmeldung maßgebend.

Beispiel: Ein Deutscher meldet beim DPMA am 2.1. ein Patent an, das später auch erteilt wird. Am 1.7. desselben Jahres meldet ein Ägypter den gleichen Gegenstand in Ägypten zum Patent an. Am 1.10., also noch innerhalb des Prioritätsjahres, meldet der Deutsche sein Patent in Ägypten an unter Inanspruchnahme des deutschen Anmeldedatums. Der Deutsche genießt dann in Ägypten Prioritätsrecht nach Art. 4 PVÜ, obwohl der Ägypter dort das Patent zuerst angemeldet hatte.

B. Der Patentzusammenarbeitsvertrag (PCT)

Eine internationale Patentanmeldung ermöglicht der „Vertrag über die Internationale Zusammenarbeit auf dem Gebiet des Patentwesens" (BGBl. 1976 II 664) von 1970, bekannter unter der englischen Bezeichnung Patent Cooperation Treaty (PCT). Mit diesem Abkommen wurde das *Anmeldeverfahren* für Patenterteilung und Neuheitsrecherche *vereinheitlicht*. Der Erfinder reicht seine Patentanmeldung bei dem für ihn zuständigen nationalen Patentamt ein (Art. 10 PCT). Dabei gibt er an, in welchen Vertragsstaaten des PCT er Schutz für die Erfindung begehrt (Art. 11 PCT) und erlangt damit eine Anmeldewirkung in allen genannten Ländern. Das Anmeldeamt erkennt nach Prüfung der Formalien ein Anmeldedatum zu und leitet eine Kopie der Anmeldung an eine für das Anmeldeland zuständige internationale Recherchebehörde (Art. 16 PCT, für Deutschland ist dies das Europäische Patentamt) weiter. Diese führt eine internationale Recherche (Art. 15 PCT) durch und erstellt einen Bericht zum Stand der Technik (Art. 18 PCT).

Der Vorteil für den Erfinder liegt darin, dass er den internationalen Rechercheberich abwarten und dann prüfen kann, ob das Patenterteilungsverfahren aussichtsreich ist oder nicht. Wenn nicht, kann er die Anmeldung zurückziehen (Art. 24 PCT) und hat sich die Kosten für die Anmeldung in den zahlreichen Einzelstaaten, für welche das Patent beantragt werden sollte, erspart.

Wenn er das Patenterteilungsverfahren betreiben will, bearbeiten die jeweiligen Bestimmungspatentämter 30 Monate nach dem Prioritätsdatum die Anmeldung (Art. 23 PCT) und prüfen diese nach eigenem materiellen Recht, auch hinsichtlich des Standes der Technik (Art. 27 Abs. 5 PCT).

C. Das Europäische Patentübereinkommen (EPÜ)

Das Europäische Patentübereinkommen basiert auf einem Staatsvertrag, dem nur europäische Staaten beitreten können, wobei Europa rein geographisch verstanden wird und *nicht auf die EG beschränkt* ist (Mitglieder sind auch Liechtenstein, Monaco, Schweiz). Trotz des Namens wurde also eine eigenständige völkerrechtliche Institution geschaffen, die sowohl rechtlich als auch finanziell unabhängig von der Europäischen Gemeinschaft ist. Die ursprüngliche Version des Übereinkommens datiert von 1973 (BGBl. 1976 II 649). Es wurde aber im Jahr 2000 überarbeitet. Die überarbeitete Version trat Ende 2007 in Kraft.

Mit diesem Staatsvertrag wurde auch eine ausführende Behörde geschaffen, nämlich das *Europäische Patentamt* mit Sitz in München und einer Zweigstelle in Den Haag (Art. 6 Abs. 2 EPÜ). Die Bediensteten des Europäischen Patentamtes kommen aus allen Vertragsstaaten des EPÜ.

Die Grundidee des EPÜ ist ein *„Europäisches Bündelpatent"*: Es wird ein Europäisches Patent erteilt mit Geltung für die Vertragsstaaten, die der Anmelder benannt hat, das in den jeweiligen Vertragsstaaten dieselbe Wirkung hat wie ein national erteiltes Patent. Es ist also nicht zur Vereinheitlichung des bestehenden Patentrechts innerhalb der Vertragsstaaten gekommen.

Das Verfahren beginnt mit der Einreichung der europäischen Anmeldung (Anmeldegebühr fällig, Art. 78 Abs. 2 EPÜ) beim nationalen Amt oder dem Europäischen Patentamt in einer der Amtssprachen deutsch, englisch oder französisch (Art. 14 Abs. 1 EPÜ). Der Antragsteller muss nicht in einem Vertragsstaat wohnen (Art. 58 EPÜ). Er muss die Vertragsstaaten benennen, in denen für die Erfindung Schutz begehrt wird (Art. 79 Abs. 1 - für jedes Land ist eine Benennungsgebühr zu zahlen - Art. 79 Abs. 2 EPÜ). Das Europäische Patentamt prüft die Anmeldung auf formelle

Mängel (Art. 90 EPÜ) und erstellt einen Recherchebericht (dafür muss der Anmelder eine spezielle Recherchegebühr zahlen) über den aktuellen Stand der Technik (Art. 92 EPÜ). 18 Monate nach dem Anmeldetag wird die Anmeldung veröffentlicht (Art. 93 EPÜ). Nach der Veröffentlichung steht die Akteneinsicht grundsätzlich jedermann offen (Art. 128 Abs. 4 EPÜ). Der Anmelder muss innerhalb von sechs Monaten einen Antrag auf materielle Prüfung stellen (gebührenpflichtig). Das Europäische Patentamt führt Prüfungsverfahren durch und erteilt bei Patentfähigkeit das Patent (Patentfähigkeit: Neuheit, erfinderische Tätigkeit, gewerbliche Anwendbarkeit, Art. 52 bis 57 EPÜ). Im Europäischen Patentblatt erfolgt dann ein Hinweis auf die Patenterteilung (Art. 97 Abs. 3 EPÜ) und das Europäische Patentamt veröffentlicht eine europäische Patentschrift (Art. 98 EPÜ). Jeder Dritte kann innerhalb von neun Monaten nach Erteilung des Patents Einspruch (gebührenpflichtig) gegen die Patenterteilung beim Europäischen Patentamt einlegen (Art. 99 EPÜ). Die Einspruchsabteilung des Europäischen Patentamts entscheidet über Einspruch (Art. 101 EPÜ).

Gegen deren Entscheidung ist Beschwerde bei den *Beschwerdekammern des Europäischen Patentamts* möglich, welche die Entscheidung in sachlicher und rechtlicher Hinsicht überprüfen. Die Beschwerdekammern setzen sich aus technischen und aus rechtskundigen Mitgliedern zusammen (Art. 21 EPÜ). Ihre Mitglieder genießen in beschränktem Umfang richterliche Unabhängigkeit (Art. 23 EPÜ). Die Beschwerdefrist beträgt zwei Monate (Art. 108 EPÜ). Gegen die Entscheidung der Beschwerdekammern ist kein Rechtsmittel möglich.

Wichtig: Gegen ein erteiltes Patent kann jedoch *Nichtigkeitsklage vor den nationalen Gerichten* erhoben werden (Art. 138 EPÜ mit Aufzählung der Nichtigkeitsgründe).

D. Das Gemeinschaftspatentübereinkommen (GPÜ)

Das Gemeinschaftspatentübereinkommen (GPÜ) ist ein Projekt der Europäischen Gemeinschaft, innerhalb der EG einen vereinheitlichten Patentschutz zu schaffen. Zwar lag bereits 1975 der Text für ein solches Abkommen vor (BGBl. 1979 II 833), doch dieser ist von den Mitgliedstaaten der EG nicht in Kraft gesetzt worden. Auch eine überarbeitete Fassung des Abkommens von 1989 wurde von den Mitgliedstaaten der EG *nicht ratifiziert*. Ob ein solches Abkommen, das innerhalb der EG den Patentschutz vereinheitlicht, jemals in Kraft treten wird, lässt sich derzeit nicht absehen.

4. Gebrauchsmusterrecht

Das Gebrauchsmusterrecht ist im Gebrauchsmustergesetz (GebrMG) geregelt. Schutzgegenstand beim Gebrauchsmuster ist wie beim Patent eine *(technische) Erfindung*. Allerdings sind die Anforderungen und der Schutzumfang beim Gebrauchsmuster geringer; man spricht daher scherzhaft vom *„kleinen Patent"*.

Schutzfähig sind nach § 1 GebrMG Erfindungen, die
- neu sind,
- auf einem erfinderischen Schritt beruhen (PatG: auf einer erfinderischen Tätigkeit beruhen. Mit diesen unterschiedlichen Formulierungen will der Gesetzgeber zum Ausdruck bringen, dass beim Gebrauchsmuster an die Erfindungshöhe keine so hohen Anforderungen zu stellen sind wie beim Patent),
- und gewerblich anwendbar sind.

Ein Gebrauchsmuster wird nur auf Gegenstände, *nicht aber für Verfahren* (= Herstellungs-, Arbeits- oder Anwendungsverfahren) erteilt, § 2 Ziff. 3 GebrMG.

Das Gebrauchsmuster wird durch Anmeldung und Eintragung in die Gebrauchsmusterrolle beim DPMA erworben.
Das DPMA *prüft* die materiellen Voraussetzungen *nicht*. Das
Gebrauchsmuster ist also ein ungeprüftes Schutzrecht (§ 8
Abs. 1 Satz 2 GebrMG). Es ist gegenüber Dritten daher nur
wirksam, wenn auch die materiellen Schutzvoraussetzungen
vorliegen.

Im Verletzungsverfahren nach § 24 GebrMG (vor den Zivil-
gerichten, vgl. § 27 GebrMG) kann der als Verletzer in
Anspruch Genommene jederzeit die Schutzunfähigkeit der
Erfindung geltend machen. Eine eventuelle Feststellung der
Schutzunfähigkeit wirkt dann nur zwischen den Parteien (§
13 GebrMG).

Wie beim Patent kann jeder Dritte ein Löschungsverfahren
betreiben (§ 15 GebrMG). Abweichend vom Patent ist
dagegen die Höchstdauer des Schutzes: Diese beträgt beim
Gebrauchsmuster nur *10 Jahre* (§ 23 Abs. 2 GebrMG).

Beim Gebrauchsmuster entstehen folgende *Kosten*:
- Anmeldung (§ 4 GebrMG): 40 Euro (bei elektronischer
Anmeldung nur 30 Euro);
- Aufrechterhaltungsgebühren (§ 23 Abs. 2 GebrMG) für das
4. bis zum 10. Jahr: 210 Euro bis 530 Euro.

Das Gebrauchsmuster ist somit schnell erreichbar (da keine
materielle Prüfung erfolgt) und kostengünstig. Es eignet sich
für Erfindungen, bei denen entweder die Patentfähigkeit
nicht gegeben ist oder bei denen nicht mit Verletzungspro-
zessen zu rechnen ist. Allerdings sollte bei einer Alternative
die Wahl gut bedacht werden, denn ein Wechsel vom Gebrauchsmuster zum Patent ist nicht mehr möglich, wenn die
Gebrauchsmusterunterlagen veröffentlicht wurden, da dann
die Neuheit der Erfindung als Voraussetzung für das Patent
fehlt. Dagegen ist ein Wechsel vom Patent zum Gebrauchsmuster problemlos möglich, denn diesen sieht das Gesetz
(§ 5 GebrMG) ausdrücklich vor.

5. Halbleiterschutzrecht

Das Gesetz über den Schutz von Topographien von mikroelektronischen Halbleitererzeugnissen (Halbleiterschutzgesetz) vom 22.10.1987 (BGBl. I 2294) ermöglicht einen besonderen Schutz von Halbleitererzeugnissen (insbesondere von Mikrochips). Voraussetzung für den Schutz ist eine *Anmeldung beim DPMA*. Das Eintragungsverfahren für Halbleiter in das Halbleiterregister entspricht weitgehend dem Eintragungsverfahren für Gebrauchsmuster in das Gebrauchsmusterregister. Auch Dauer und Wirkung des Schutzes regeln sich weitgehend nach den Bestimmungen des Gebrauchsmustergesetzes.

6. Sortenschutzrecht
A. Sortenschutz nach dem SortenschutzG

Das Sortenschutzgesetz i.d.F. vom 19.12.1997 (BGBl. I 3164) ermöglicht den Schutz neuer Pflanzensorten. Voraussetzung für die Erteilung von Sortenschutz ist, dass die Sorte unterscheidbar, homogen, beständig, neu und durch eine eintragbare Sortenbezeichnung bezeichnet ist (§ 1 SortenschutzG). Zuständig für das Anerkennungsverfahren ist das *Bundessortenamt* in Hannover (§ 16 SortenschutzG), eine Bundesbehörde im Geschäftsbereich des Bundesministeriums für Ernährung, Landwirtschaft und Verbraucherschutz.

Der Sortenschutz hat die Wirkung, dass allein der Sortenschutzinhaber oder sein Rechtsnachfolger berechtigt ist, Vermehrungsmaterial einer geschützten Sorte zu gewerblichen Zwecken in den Verkehr zu bringen, hierfür zu erzeugen oder einzuführen. Die Verwendung einer geschützten Sorte für die Züchtung einer neuen Sorte bedarf hingegen nicht der Zustimmung des Sortenschutzinhabers. Seit 1997 fallen aber im Wesentlichen abgeleitete Sorten, d.h. unterscheidbare Sorten, die aus einer geschützten Sorte hervorgegangen sind und ihr „wesentlich" ähnlich sind, unter die Schutzwirkung. Die Laufzeit des Sortenschutzes beträgt 25, bei Hopfen, Kartoffel, Rebe und Baumarten 30 Jahre.

Außerdem ist das Bundessortenamt für die Zulassung von Pflanzensorten zuständig. Die Zulassung ist Voraussetzung für den gewerblichen Vertrieb von Saatgut landwirtschaftlicher Pflanzen- und Gemüsearten. Die Sortenzulassung wird für zehn (bei Reben 20) Jahre erteilt; die Zulassung kann aber auf Antrag jeweils verlängert werden. Die Fristen für die Zulassung und den Sortenschutz sind daher unterschiedlich.

Beispiel: Die Pflanzenzuchtfirma „Europlant" hat 1974 die Zulassung für die Kartoffelsorte „Linda", eine der bekanntesten deutschen Kartoffeln, erhalten und genoss auch Sortenschutz. Kurz vor Ablauf des Sortenschutzes hat sie auf die Zulassung verzichtet. Sie wollte dadurch ihren sonstigen Kartoffelarten Marktzutritt verschaffen. Andere Unternehmen können nun zwar die Neuzulassung der Sorte beantragen, dieses Verfahren kann aber bis zu zwei Jahren dauern. In dieser Zeit darf das Pflanzgut der „Linda" nicht gehandelt werden.

B. Gemeinschaftlicher Sortenschutz

Durch die Verordnung (EG) Nr. 2100/94 des Rates vom 27.7.1994 über den gemeinschaftlichen Sortenschutz können Schutzrechte an Pflanzensorten mit Geltung in der ganzen EG erworben werden. Zuständige Behörde ist das *Gemeinschaftliche Sortenamt* (oft auch CPVO genannt, die Abkürzung der englischen Bezeichnung „Community Plant Variety Office") in Angers (Frankreich).

Der gemeinschaftliche Sortenschutz hat einheitliche Wirkung im Gebiet der Gemeinschaft und kann für dieses nur einheitlich erteilt, übertragen und beendet werden (Art. 2 der VO). Der gemeinschaftliche Sortenschutz wird für Sorten erteilt, die unterscheidbar, homogen, beständig und neu sind. Zudem muss für jede Sorte eine Sortenbezeichnung festgesetzt werden (Art. 6 der VO). Der gemeinschaftliche

Sortenschutz dauert bis zum Ende des 25., bei Sorten von Reben und Baumarten des 30., auf die Erteilung folgenden Kalenderjahrs (Art. 19 Abs. 1 der VO). Diese Regelungen entsprechen also weitestgehend denen des Sortenschutzgesetzes.

Rechtsmittelinstanz ist die Beschwerdekammer des Gemeinschaftlichen Sortenamtes (Art. 45, 72 der VO). Deren Entscheidungen sind mit der Rechtsbeschwerde beim Gerichtshof der Europäischen Gemeinschaften anfechtbar.

7. Geschmacksmusterrecht

A. Das Geschmacksmuster nach dem GeschmMG

Das Geschmacksmusterrecht ist im Gesetz über den rechtlichen Schutz von Mustern und Modellen – Geschmacksmustergesetz (GeschmMG) vom 12.3.2004 (BGBl. 2004 I 390) geregelt. Diese Neuregelung weicht von ihrem Vorgänger, dem Gesetz betreffend das Urheberrecht an Mustern und Modellen von 1876, in mehreren Punkten stark ab, so dass die zu diesem Gesetz ergangene Rechtsprechung im Wesentlichen überholt ist. Die Neuregelung dient der Umsetzung der Richtlinie 98/71/EG vom 13.10.1998; daher können deutsche Gerichte bei Unklarheiten einen bei ihnen anhängigen Rechtsstreit dem Gerichtshof der Europäischen Gemeinschaften zur Vorabentscheidung vorlegen.

Das GeschmMG stellt die *Formgestaltung* unter Schutz, da es Schutz für ästhetisch wirkende Darstellungen von Erzeugnissen gewährt.

Schutzgegenstand sind Muster (§ 2 Abs. 1 GeschmMG). Ein Muster ist die zweidimensionale oder dreidimensionale Erscheinungsform eines ganzen Erzeugnisses oder eines Teils davon, die sich insbesondere aus den Merkmalen der Linien, Konturen, Farben, der Gestalt, Oberflächenstruktur oder der Werkstoffe des Erzeugnisses selbst oder seiner

Verzierung ergibt (§ 1 Nr. 1 GeschmMG). Darunter fallen auch Muster, die bei Bauelementen komplexer Erzeugnisse benutzt werden, allerdings nur unter der Voraussetzung, dass das Bauelement bei bestimmungsgemäßer Verwendung des Erzeugnisses *sichtbar* ist (§ 4 GeschmMG).

Beispiel: Ein besonders gerippter Rückscheinwerfer eines PKW wird zwar in ein komplexes Erzeugnis (= PKW) eingefügt. Er ist aber auch nach dem Einbau noch sichtbar. Damit kann für ihn, sofern die sonstigen Voraussetzungen gegeben sind, Schutz nach dem GeschmMG bestehen.

Die sachlichen Schutzvoraussetzungen für das Geschmacksmuster werden in § 2 Abs.1 GeschmMG definiert. Danach muss das Muster *neu sein und Eigenart haben*.

Neuheit ist gegeben, wenn es im Zeitpunkt der Anmeldung kein identisches bekanntes Muster gibt. Zu den bekannten Mustern gehören alle der Öffentlichkeit zugänglich gemachten Muster, die den Fachkreisen des betreffenden Sektors im normalen Geschäftsverlauf bekannt sein konnten (§ 2 Abs. 2 GeschmMG i.V.m. § 5 GeschmMG).

Eigenart (=Eigentümlichkeit) setzt nach § 2 Abs. 3 GeschmMG voraus, dass sich der Gesamteindruck, den das Muster beim informierten Benutzer hervorruft, vom dem Gesamteindruck unterscheidet, den ein anderes Muster bei diesem Benutzer hervorruft, das vor dem Anmeldetag offenbart worden ist. Die geistige Leistung bei der Schaffung des angemeldeten Musters muss also über das hinausgehen, was ein Durchschnittsmustergestalter schaffen konnte.

Voraussetzung für den Musterschutz ist die Anmeldung beim DPMA (§ 11 GeschmMG). Der Antrag muss eine zur Bekanntmachung geeignete Wiedergabe des Musters (fotografisch oder graphisch) enthalten und eine Angabe der Erzeugnisse, in die das Geschmacksmuster aufgenommen oder bei denen es verwendet werden soll. Nach Antragseingang erfolgt eine *formale Prüfung* durch das DPMA (§ 16 Abs. 1 GeschmMG); eine materielle Prüfung auf Neuheit und Eigenart erfolgt nicht (§§ 16, 18 GeschmMG). Das Geschmacksmuster ist also ein *ungeprüftes Schutzrecht.*

Ergibt die formale Prüfung keine Beanstandungen, trägt das DPMA das Geschmacksmuster in das *Geschmacksmusterregister* ein (§ 19 GeschmMG). Fühlt sich ein Dritter durch die Eintragung beschwert, stehen ihm das Rechtsmittel der *Beschwerde* an das Bundespatentgericht (§ 23 Abs. 2 GeschmMG) und das Rechtsmittel der *Nichtigkeitsklage* (§ 33 GeschmMG) zur Verfügung.

Die Schutzdauer des Geschmacksmusters beträgt *maximal 25 Jahre* (§ 27 Abs. 2 GeschmMG). Ab dem 6. Jahr ist eine *Aufrechterhaltungsgebühr* zu bezahlen (§ 28 Abs. 1 GeschmMG).

Mit Eintragung in das Geschmacksmusterregister hat der Rechtsinhaber das ausschließliche Recht, das Muster zu nutzen. Die Nachbildung eines geschützten Musters oder Modells ist verboten (§§ 38, 42 GeschmMG). Bei einer Rechtsverletzung kann der Rechtsinhaber die Beseitigung der Beeinträchtigung verlangen und, wenn der Rechtsverletzer vorsätzlich oder fahrlässig handelte, auch *Schadenersatz* (§ 42 Abs. 2 GeschmMG). Zuständig für eine Schadenersatzklage sind die Landgerichte (§ 52 Abs. 1 GeschmMG).

Das Geschmacksmuster als ungeprüftes Recht gewährt seinem Inhaber nur eine schwache Rechtsposition, nämlich lediglich die (widerlegbare) *Vermutung der Rechtsinhaberschaft* (§ 39 GeschmMG). Allerdings ist diese Position besser als die nach dem Urheberrechtsgesetz, denn nach dem UrhG muss der Rechtsinhaber seine Rechtsposition darlegen und beweisen; nach dem GeschmMG führt die Eintragung dazu, dass die Gegenseite im Prozess die Nichtexistenz des Rechtes darlegen und beweisen muss.

B. Das Gemeinschaftsgeschmacksmuster

Seit dem 1.4.2003 kann beim HABM – Harmonisierungsamt für den Binnenmarkt ein europäisches Geschmacksmuster registriert werden, das ein *einheitliches, sich auf den ganzen EG-Binnenmarkt erstreckendes Schutzrecht* gewährt. Rechtsgrundlage ist die VO (EG) 6/2002 vom 12.12.2001 über das Gemeinschaftsgeschmacksmuster. Das eingetragene Gemeinschaftsgeschmacksmuster genießt maximal 25 Jahre Nachahmungsschutz. Daneben gibt es nach Art. 1 der VO noch das *nicht eingetragene Gemeinschaftsgeschmacksmuster*, das mit der Veröffentlichung des Geschmacksmustergegenstandes entsteht und eine Schutzdauer von drei Jahren beginnend mit dem Tag der Veröffentlichung hat (Art. 11 der VO). Für Gemeinschaftsgeschmacksmusterstreitsachen sind in Deutschland die Landgerichte zuständig (§ 63 GeschmMG).

C. Das Haager Musterabkommen

Bei der WIPO kann ein Geschmacksmuster für alle Vertragsstaaten des Haager Musterabkommens angemeldet werden. Das Abkommen gewährt aber kein einheitliches Geschmacksmuster, sondern ein Bündel nationaler Geschmacksmuster, deren Schutzinhalt sich nach dem jeweiligen nationalen Recht bestimmt.

8. Markenrecht

A. Grundlagen des Markenrechts

Das Markenrecht ist im „Gesetz über den Schutz von Marken und sonstigen Kennzeichen - Markengesetz (MarkenG)" geregelt, welches seit dem 1.1.1995 das Warenzeichengesetz ersetzt. Wie bereits der Titel des Gesetzes andeutet, geht es in diesem Gesetz nicht nur um *Marken*, sondern auch noch um andere Kennzeichen: nämlich um *Unternehmenskennzeichen* und *geographische Bezeichnungen*.

38

Was Schutzgegenstand bei Marken sein kann, wird in **§ 3 Abs. 1 MarkenG** beispielhaft aufgezählt. Dort heißt es: „Als Marke können alle Zeichen, insbesondere Wörter einschließlich Personennamen, Abbildungen, Buchstaben, Zahlen, Hörzeichen, dreidimensionale Gestaltungen einschließlich der Form einer Ware oder ihrer Verpackung sowie sonstige Aufmachungen einschließlich Farben und Farbzusammenstellungen geschützt werden, die geeignet sind, Waren oder Dienstleistungen eines Unternehmens von denjenigen anderer Unternehmen zu unterscheiden."

Beispiele dafür sind jeweils: Wörter: Puma, Milka; Personennamen: Yves St. Laurent; Abbildungen: Grüne Linie bei Dresdner Bank; Buchstaben: GTI, HB; Zahlen: 4711; Verpackung: Dimple-Flasche, Cola-Flasche; Hörzeichen: Jingle, das in der Werbung eingesetzt wird; Farbkombination: blau-weiß für ARAL.

B. Die Marke

Es gibt drei Möglichkeiten, wie Markenschutz entstehen kann: Durch Eintragung in ein staatlich verwaltetes *Register*, durch die *große Bekanntheit* einer Marke in Deutschland und durch die *notorische Bekanntheit* einer Marke im Ausland. Im Folgenden werden diese Möglichkeiten näher dargestellt.

I. Markenschutz durch Eintragung der Marke in das Markenregister

Eine Marke kann zum einen dadurch entstehen, dass man ein Zeichen als Marke in das vom DPMA geführte *Markenregister* eintragen lässt. Bei der Anmeldung zur Eintragung sind beim DPMA die Wiedergabe der Marke und ein Verzeichnis der Waren und Dienstleistungen, für welche die Eintragung beantragt wird, einzureichen (§ 32 Abs. 1 MarkenG). Zur Klassifizierung der Waren und Dienstleistungen enthält die Verordnung zur Ausführung des MarkenG (Markenverordnung – MarkenV) (BGBl. 1994 I 3555) ein Verzeichnis mit einer Klasseneinteilung.

Beispiele für Warenklassen nach der MarkenV: Klasse 15: Musikinstrumente; Klasse 23: Garne und Fäden für textile Zwecke; Klasse 25: Bekleidungsstücke, Schuhwaren, Kopfbedeckungen.

Außerdem ist bei der Anmeldung einer Marke eine Gebühr von 300 Euro zu entrichten (bei elektronischer Anmeldung nur 290 Euro). Das DPMA prüft die Anmeldung nur auf formelle Anforderungen (§ 36 MarkenG) und auf sog. absolute Schutzhindernisse (§ 37 MarkenG) im Sinne der §§ 3, 8 und 10 MarkenG.

1. Eintragungshindernisse

Ein absolutes Schutzhindernis liegt vor, wenn:

- Die Form durch die Ware selbst bedingt ist (§ 3 Abs. 2 MarkenG). Die Darstellung der angemeldeten Marke darf sich also nicht in der Wiedergabe der technischen Gestaltung der Ware selbst erschöpfen, da dann dem Zeichen unternehmenshinweisende Elemente fehlen (Beispiel: Ein Reifenhersteller will einen runden Reifen als Marke schützen lassen).

- Die Form hat den Zweck, eine bestimmte technische Wirkung zu erzielen (Beispiel: Farbiges Glas schützt Inhalt).

- Die Form selbst verleiht der Ware ihren wesentlichen Wert (Beispiel: Kunstwerke, z.B. Vasen, die von berühmten Künstlern entworfen wurden).

- Von der Eintragung ausgeschlossen sind außerdem Zeichen, die sich *nicht graphisch darstellen lassen* (**§ 8 Abs. 1 MarkenG**). Bei *Hörmarken* kann die Darstellung in Notenschrift oder durch ein Sonagramm geschehen. Problematisch ist dieses Erfordernis daher nur für *Geruchs- und Geschmacksmarken*, für welche eine Marke nicht erteilt werden kann, da es keine objektiv von Dritten nachvollziehbaren Kriterien zur Beschreibung von Gerüchen und Geschmacksrichtungen gibt.

- Von der Eintragung ausgeschlossen sind auch Marken, denen für die Waren oder Dienstleistungen jegliche *Unterscheidungskraft* fehlt (**§ 8 Abs. 2 Nr. 1 MarkenG**). Kann der Wortmarke ein für die fraglichen Waren im Vordergrund stehender Begriffsinhalt zugeordnet werden oder handelt es sich um ein gebräuchliches Wort der deutschen Sprache oder einer bekannten Fremdsprache, das beschreibend verstanden wird (z.B. „Turbo" bei technischen Gegenständen), erfolgt keine Eintragung.

Beispiel: In einem Rechtsstreit ging es um die Frage, ob „Winnetou" eine eingetragene Marke für Druckereierzeugnisse sein kann. Fraglich war, ob dieses Wort unterscheidungskräftig ist, da der Name „Winnetou" angesichts der Bekanntheit der Romanfigur von Karl May sich im allgemeinen Bewusstsein – so die Feststellung des Bundespatentgerichts – zur Bezeichnung eines bestimmten Menschentyps, des edlen Indianerhäuptlings, entwickelt hat. Daher ist dieser Name als Marke für Druckereierzeugnisse nicht unterscheidungskräftig (BGH, Beschl.v. 5.12.2002 – I ZB 19/00, WRP 2003, 519 = GRUR 2003, 342).

Entscheidend ist bei der Prüfung der Unterscheidungskraft der Gesamteindruck. So hat die Rechtsprechung die Markenfähigkeit des Begriffs „NeW MaN" bejaht, obwohl es sich dabei um eine gewöhnliche Wortkombination in englischer Sprache handelt (BGH, Beschl.v. 21.6.1990 – I ZB 11/89, GRUR 1991, 136). Entscheidend für die Rechtsprechung war aber die eigenartige und prägnante Gestaltung, die hier ausnahmsweise eine Markeneintragung möglich macht. Ähnlich verhält es sich bei dem Werbeslogan „Radio von hier, Radio wie wir", der wegen seiner Kürze und Prägnanz für eintragungsfähig gehalten wurde (BGH, Beschl.v. 8.12.1999 – I ZB 2/97, GRUR 2000, 321 = WRP 2000, 298).

- Nach **§ 8 Abs. 2 Nr. 2 MarkenG** besteht ein absolutes Eintragungshindernis auch, wenn die Marke ausschließlich aus Zeichen oder Angaben besteht, die im Verkehr zur Bezeichnung der Art, der Beschaffenheit, der Menge, der Bestimmung, des Wertes, der geographischen Herkunft, der Zeit der Herstellung der Waren oder der Erbringung von Dienstleistungen oder zur Bezeichnung sonstiger Merkmale der Waren oder Dienstleistungen dienen können. Man spricht hier vom *Freihaltebedürfnis*, weil die angestrebte Marke den Verkehr behindern würde.

Beispiel: Wenn man zulassen würde, dass eine Brauerei den Begriff „Bier" als Marke erhält, könnte diese Brauerei allen Konkurrenten die Benutzung des Begriffs „Bier" verbieten.

Beachte: Dieser im Markenrecht geltende Grundsatz des Freihaltebedürfnisses ist auf *Domains* nicht übertragbar. Im Rechtsstreit „Mitwohnzentrale.de" ging es um die Frage, ob ein Gattungsbegriff (im konkreten Fall „Mitwohnzentrale") als Internet-Adresse verwendet werden darf. Der BGH hat diese Frage mit Urteil vom 17.5.2001 – I ZR 216/99 (NJW 2001, 3262) bejaht, da anders als eine Marke die Internetadresse nicht zu einem Ausschließlichkeitsrecht führe. Dadurch liege auch keine wettbewerbsrechtlich relevante Beeinflussung der Internet-Nutzer vor. Ein Verbraucher, der den Einsatz von Suchmaschinen als lästig empfinde und statt dessen direkt einen Gattungsbegriff als Internet-Adresse eingebe, sei sich im allgemeinen über die Nachteile dieser Suchmethode, insbesondere über die Zufälligkeit des gefundenen Ergebnisses, im Klaren.

In Ausnahmefällen könne die Registrierung von Gattungsbezeichnungen als Domain-Name aber missbräuchlich sein. Missbrauch liege dann vor, wenn der Verwender die Gattungsbezeichnung nicht nur unter einer Top-Level-Domain (dies sind z.B. die Endungen „de" und „com"), sondern gleichzeitig unter mehreren Top-Level-Domains beantragt oder wenn er durch verschiedene Schreibweisen derselben Bezeichnung die Nutzung der Domain durch Dritte verhindert. Zum anderen dürfe die Verwendung der Domain nicht irreführend sein. Eine Irreführung der Verbraucher liege dann vor, wenn der unzutreffende Eindruck entstehe, der Inhaber der Domain sei der Einzige oder zumindest der wichtigste Anbieter in dem durch die Gattungsbezeichnung umschriebenen Geschäftsbereich. Eine Irreführungsgefahr sei in diesem Fall jedoch zu verneinen, wenn auf der Home-

42

page darauf hingewiesen werde, dass es noch Konkurrenz-unternehmen gebe.

- Eine Marke wird nicht eingetragen für Begriffe, die geeignet sind, das Publikum insbesondere über die Art, die Beschaffenheit oder die geographische Herkunft der Waren oder Dienstleistungen zu *täuschen*.

Beispiele für eine solche Täuschungsgefahr:
- Die Marke für ein Heilmittel besteht aus einem Personennamen mit akademischem Titel (z.B. Prof. Dr. Dr. Glück). Hier liegt eine Irreführung vor, wenn diese Person zu keinem Zeitpunkt zu den mit der Marke geschützten Waren in irgendeiner Beziehung stand.
- Die Marke besteht aus einer Herkunftsbezeichnung. Hier liegt eine Irreführungsgefahr vor, wenn der Verbraucher eine Ortsbezeichnung für eine Herkunftsangabe halten könnte und das Produkt in Wahrheit nicht aus dem betreffenden Ort stammt. Bezüglich der Bezeichnung „Capri-Sonne" sah der BGH (Urt.v. 30.6.1983 – I ZR 96/81, GRUR 1983, 768) keine Irreführungsgefahr, da den allermeisten Deutschen klar sei, dass auf Capri keine Fruchtsäfte produziert werden. Unproblematisch wäre daher z.B. die Marke „Alaska-Bananen".

- Die Marke würde gegen die *öffentliche Ordnung* oder die *guten Sitten* verstoßen. Ein Verstoß gegen die öffentliche Ordnung liegt vor allem bei NS-Symbolen vor, ein Verstoß gegen die guten Sitten vor allem bei Kennzeichen, die religiöse Empfindungen verletzen.

Beispiel: Die Bezeichnung „Dalailama" als nur unerhebliche Abwandlung von Dalai-Lama, dem religiösen Oberhaupt der Tibeter, wurde für nicht eintragungsfähig erachtet, weil dadurch das religiöse Empfinden verletzt wird (Bundespatentgericht, Beschl.v. 16.10.2002 – 24 W (pat) 140/01, BPatGE 46, 66).

- Die Marke enthält die *Staatswappen*, Staatsflaggen oder *andere staatliche Hoheitszeichen* oder Wappen eines inländischen Ortes. Dies gilt auch für Nachahmung von Wappen, § 8 Abs. 4 MarkenG.

- *Notorisch bekannte Marken* können für Dritte nicht eingetragen werden, es sei denn, der Anmelder ist vom Inhaber der notorisch bekannten Marke dazu ermächtigt worden (§ 10 MarkenG). Notorisch bekannte Marken sind Marken, die (fast) jeder kennt (z.B. Coca Cola, Mercedes Benz, McDonald´s).

Sofern eine Marke wegen fehlender Unterscheidungskraft, wegen des Freihaltebedürfnisses oder deswegen, weil sie im allgemeinen Sprachgebrauch zur Bezeichnung von Waren oder Dienstleistungen üblich wurde, nach § 8 Abs. 2 Nr. 1, 2 oder 3 MarkenG vom Grundsatz her von der Markeneintragung ausgeschlossen ist, kann man sie nach § 8 Abs. 3 MarkenG ausnahmsweise in das Markenregister eintragen lassen, wenn sich die Marke vor dem Zeitpunkt der Entscheidung über die Eintragung infolge ihrer Benutzung für Waren oder Dienstleistungen, für die sie angemeldet worden ist, *in den beteiligten Verkehrskreisen durchgesetzt hat*. Wenn mehr als die Hälfte der angesprochenen Verkehrskreise den an sich schutzunfähigen Begriff einem bestimmten Unternehmen als Marke zuordnen, kann er also trotz der oben genannten Schutzhindernisse als Marke eingetragen werden.

Wenn die Voraussetzungen der Markeneintragung vorliegen, erfolgt die Eintragung in das *Markenregister* (§ 41 MarkenG) und die Veröffentlichung der Marke im *Markenblatt*.

2. Rechtsmittel gegen die Markeneintragung

Demjenigen, der meint, eine Markeneintragung verletze seine Rechte, stehen zwei Rechtsmittel zur Verfügung: Er kann beim DPMA *Widerspruch* einlegen oder *Klage* vor dem Landgericht erheben.

a) Widerspruch

Gegen die Eintragung der Marke kann Widerspruch beim DPMA eingelegt werden (**§ 42 MarkenG**). Dieser Widerspruch ist allerdings *fristgebunden* und muss innerhalb von drei Monaten nach Veröffentlichung der Marke eingelegt werden. Der Widerspruch kann darauf gestützt werden, dass man eine angemeldete oder eingetragene Marke mit älterem Zeitrang besitzt oder dass man Inhaber einer nichteingetragenen älteren notorisch bekannten Marke ist.

Gegen den Beschluss der Markenstelle des DPMA ist *Beschwerde beim Bundespatentgericht* möglich (§ 66 MarkenG). Gegen den Beschluss des Bundespatentgerichts kann *Rechtsbeschwerde beim BGH* eingelegt werden, sofern die Rechtsbeschwerde vom Bundespatentgericht zugelassen wurde. Da mit dem deutschen MarkenG die EG-Richtlinie „89/104/EWG zur Angleichung der Rechtsvorschriften der Mitgliedstaaten über die Marken" umgesetzt wurde, können deutsche Gerichte bei Auslegungsfragen, die eine von der Richtlinie erfasste Norm betreffen, den Rechtsstreit dem Gerichtshof der Europäischen Gemeinschaften zur Vorabentscheidung vorlegen.

b) Nichtigkeitsklage

Als zweites Rechtsmittel neben dem Widerspruch hat der Gesetzgeber die Nichtigkeitsklage vorgesehen (**§ 51 MarkenG**). Diese Klage auf Löschung der Marke kann erhoben werden, wenn der Marke ein Recht im Sinne der §§ 9 bis 13 MarkenG mit älterem Zeitrang entgegensteht. Ein solches Recht ist in erster Linie gegeben bei Identität oder Ähnlichkeit der beiden Marken (§ 9 Abs. 1 MarkenG).

Die Klage hat vor den *Zivilgerichten* (den Landgerichten) zu erfolgen (§ 55 MarkenG) und ist gegen den als Inhaber der Marke Eingetragenen zu richten. Diese prozessrechtliche Situation bei der Marke entspricht den Grundsätzen, die der BGH für Klagen bei *Domain-Streitigkeiten* entwickelt hat. Die Besonderheit der Vergabe von Domain-Namen liegt darin, dass eine private Einrichtung, die ICANN (Internet Corporation for Assigned Names and Numbers) in den USA, für diese Vergabe zuständig ist. Diese hat für die Vergabe der .de-domains die DENIC eG mit Sitz in Frankfurt a.M. mit der Adressenvergabe beauftragt. Somit ist eine privatrechtliche

Genossenschaft und nicht eine staatliche Stelle für die Domain-Vergabe zuständig.

Im Rechtsstreit „ambiente.de" war der Kläger Inhaber der Marke „Messe Frankfurt Ambiente" und verlangte von der DENIC eG die Aufhebung der Registrierung des Domain-Namens „ambiente.de", den ein Privatmann registrieren ließ. Außerdem wollte der Kläger, dass die Domain nach der Löschung für ihn registriert wird. Der BGH erklärte mit Urteil vom 17.5.2001 – I ZR 251/99 (NJW 2001, 3265) die Klage für unbegründet, da die DENIC grundsätzlich keine Verpflichtung treffe, bei der Registrierung zu prüfen, ob an der einzutragenden Bezeichnung Rechte Dritter bestehen.

Selbst wenn sie auf ein angeblich besseres Recht hingewiesen werde, könne die DENIC den Anspruchsteller an den Inhaber des registrierten Domain-Namens verweisen. Zwischen diesen beiden Parteien sei dann zu klären, wer die besseren Rechte an der Bezeichnung hat. Nur wenn der Rechtsverstoß offenkundig und für die DENIC ohne weiteres festzustellen sei, müsse sie die beanstandete Registrierung aufheben. Lägen diese Voraussetzungen nicht vor, müsse die DENIC erst tätig werden, wenn ein rechtskräftiges Urteil oder eine entsprechende Vereinbarung mit dem Inhaber der Registrierung die bessere Rechtsposition des Anspruchstellers bestätige.

3. Schutzdauer und Möglichkeit des Verfalls der Marke

Die Schutzdauer für Marken beträgt jeweils zehn Jahre, der Schutz ist aber *unbeschränkt verlängerbar* (**§ 47 MarkenG**). Im Markenrecht besteht allerdings die Besonderheit, dass die Marke *verfallen* kann (**§ 49 MarkenG**). Die Eintragung einer Marke wird nämlich auf Antrag gelöscht, wenn die Marke nach dem Tag der Eintragung innerhalb eines ununterbrochenen Zeitraums von fünf Jahren nach der Eintragung *nicht ernsthaft benutzt worden* ist. Dieser Löschungsantrag kann von jedem Dritten beim DPMA gestellt werden;

ein eigenes Interesse muss nicht nachgewiesen werden (§§ 49, 53 in Verbindung mit § 43 MarkenG).

Beispiele zum Begriff der „ernsthaften Benutzung":
1) Bei hochpreisigen Herrenschuhen liegt eine ernsthafte Benutzung schon dann vor, wenn innerhalb des Fünfjahreszeitraums nur ein Gesamtumsatz von 85.000 DM erreicht wurde, da geringe Umsätze bei der Markteinführung eines Luxusprodukts nicht ungewöhnlich sind (John Lobb; BGH, Urt.v. 16.7.1998 – I ZB 5/96, WRP 1998, 1078 = GRUR 1999, 164).
2) Keine ernsthafte Benutzung einer Marke stellt angesichts der in der Zigarettenindustrie üblichen Umsatzzahlen der Verkauf von 20.000 Zigaretten dar (King II; BGH, Urt.v. 20.3.1986 – I ZR 10/84, NJW 1986, 3139 = GRUR 1986, 542).

Die zweite, in der Praxis jedoch nicht so wichtige Löschungsmöglichkeit besteht dann, wenn die Marke infolge des Verhaltens oder der Untätigkeit ihres Inhabers zur Bezeichnung der Waren oder Dienstleistungen üblich geworden ist.

Beispiel: Die Marke „Walkman" von Sony fällt nicht unter diese Norm, da diese zwar mittlerweile zur Gattungsbezeichnung wurde, Sony aber regelmäßig gegen Markenverletzungen vorging und Sony somit nicht Untätigkeit vorgeworfen werden kann. Weitere Beispiele für Marken, die zur Gattungsbezeichnung wurden: Tempo, Uhu, Fön (Marke von AEG).

Die Marke wird auch gelöscht, wenn der Markeninhaber die Gebühr für die Verlängerung der Schutzdauer nicht bezahlt. Diese Gebühr beträgt für jede Verlängerung 750 €.

II. Markenschutz durch Benutzung einer Marke im geschäftlichen Verkehr

Markenschutz entsteht auch ohne Eintragung beim DPMA, soweit das Zeichen innerhalb beteiligter Verkehrskreise als Marke *Verkehrsgeltung erworben* hat (**§ 4 Nr. 2 MarkenG**).

Beispiel für die Bestimmung der beteiligten Verkehrskreise: Handelt es sich bei der streitigen Marke um ein Produkt zur Reinigung der Dritten Zähne, wird man die Umfrage zur Feststellung der Verkehrsgeltung nicht vor einer Grundschule, sondern vor einem Altenheim machen.

Anders als die förmliche Marke, die sich auf die gesamte Bundesrepublik erstreckt, kann die nichteingetragene Marke räumlich auf einen regionalen oder lokalen Bereich begrenzt sein. Dann kann der Inhaber der nichteingetragenen Marke nicht die Löschung einer prioritätsjüngeren eingetragenen Marke verlangen, sondern deren Inhaber lediglich die Benutzung innerhalb der geographischen Grenzen der vorhandenen Verkehrsgeltung untersagen.

Der für die Anerkennung notwendige Durchsetzungsgrad hängt vom Freihaltebedürfnis ab. Je nach Einzelfall fordert die Rechtsprechung einen Bekanntheitsgrad von 20% bis 60%. Daher besteht ein großes Risiko für Markeninhaber, ob die Marke anerkannt wird. Die Eintragung ist deswegen die Regel.

III. Markenschutz bei notorisch bekannten Marken

Im Gegensatz zu den oben erwähnten bekannten Marken mit Verkehrsgeltung hängt der Schutz notorisch bekannter Marken nicht von der Benutzung im Inland ab, sondern es genügt eine *im Ausland* erworbene Bekanntheit (§ 4 Nr. 3 MarkenG).

IV. Schutzinhalt der Marke

Der Markeninhaber hat das ausschließliche Recht an der Marke (**§ 14 MarkenG**). Ihm stehen daher folgende Ansprüche gegen den Verletzer des Markenrechts zu:

1. Unterlassungsanspruch

Der Markeninhaber kann nach § 14 MarkenG Dritten untersagen, *im geschäftlichen Verkehr* ein Zeichen zu benutzen,

- das mit seiner *Marke identisch* ist und für *Waren oder Dienstleistungen* verwendet wird, die mit denjenigen *identisch* sind, für die die Marke Schutz genießt (§ 14 Abs. 2 Nr. 1 MarkenG). Dies gilt auch bei der Verwendung einer frem-

48

den Marke als Metatag (BGH, Urt.v. 18.5.2006 – I ZR 183/03, WRP 2006, 1513).

Beispiel: Die Beate Uhse AG in Flensburg ist Inhaberin der Marke „Beate Uhse". Sie stellt fest, dass Sebastian Schmuddel, der in Leipzig einen Erotikversand mit Konkurrenzprodukten betreibt, Beate Uhse als Metatag verwendet. Wenn ein Internet-Nutzer den Begriff „Beate Uhse" eingibt, wird er durch einen für den Nutzer verborgenen HTLM-Code auch auf den Internet-Auftritt von Sebastian Schmuddel verwiesen. In diesem Fall hat die Beate Uhse AG einen markenrechtlichen Unterlassungsanspruch.

- das mit seiner *Marke identisch* ist oder dieser *ähnlich* ist und für identische oder *ähnliche Waren oder Dienstleistungen* verwendet wird, für die die Marke Schutz genießt, wenn für das Publikum die **Gefahr von Verwechslungen** besteht, einschließlich der Gefahr, dass das Drittzeichen mit der Marke gedanklich in Verbindung gebracht wird (§ 14 Abs. 2 Nr. 2 MarkenG).

Beispiele für Verwechslungsgefahr:
Mentor – Meteor (ähnliches Schriftbild)
Hohner – Honeur (ähnliche Aussprache)
Zentis – Säntis (ähnliches Schriftbild und ähnliche Aussprache)

Fallbeispiel: Eine Brauerei ist Inhaberin der Marke „Bit" für Bier. Eine amerikanische Brauerei möchte ihr Bier unter der Bezeichnung „American Bud" auf den deutschen Markt bringen. Da diese Bezeichnung in ihrem Gesamteindruck durch den Bestandteil „Bud" geprägt wird, während der Bestandteil „American" als geographische Bezeichnung die Herkunft des so bezeichneten Biers beschreibt, kann eine markenrechtliche Verwechslungsgefahr infolge der gegebenen klanglichen Ähnlichkeit nicht verneint werden. Bit kann daher dem Konkurrenten die Nutzung der Bezeichnung untersagen (BGH, Urt.v. 26.4.2001 – I ZR 212/98, WRP 2001, 1320 = GRUR 2002, 167).

- das mit seiner im Inland **bekannten Marke** identisch ist oder *dieser ähnlich* ist, falls es **nicht** für identische oder ähnliche Waren oder Dienstleistungen verwendet wird, wenn durch die Benutzung des Drittzeichens die Unterscheidungskraft (*Verwässerung*) oder Wertschätzung (*Rufausbeutung, Rufbeschädigung*) der Marke ohne rechtfertigenden Grund in unlauterer Weise ausgenutzt oder beeinträchtigt wird, § 14 Abs. 2 Nr. 3 MarkenG. Bekannte Marken sind daher besonders geschützt. Bekannt ist eine Marke, wenn sie einem bedeutenden Teil des Publikums bekannt ist, das von den durch diese Marke erfassten Waren oder Dienstleistungen betroffen ist. Orientierungsgröße ist ein Bekanntheitsgrad von 30%.

Beispiel für *Verwässerung*: Ein Taxiunternehmen wirbt für seine zehn Taxen mit der Rufnummer 4711. Der Kölnisch Wasser-Hersteller, dem die Marke 4711 gehört, kann dies untersagen, obwohl keine Branchennähe besteht. Grund für den Untersagungsanspruch: Die überragende und einmalige Bekanntheit der Marke (BGH, Urt.v. 22.3.1990 - I ZR 43/88, WRP 1990, 696 = GRUR 1990, 711).

Beispiel für *Rufbeschädigung*: Unter der Domain „scheiss-t-online.de" wurde im Internet ein Diskussionsforum angeboten, in dem unzufriedene Nutzer sich über die Deutsche Telekom AG beschweren konnten. Das LG Düsseldorf (Urt.v. 30.1.2002 − 2a O 245/01, zitiert nach juris) gab der Klage der Deutschen Telekom AG auf Unterlassung der Domainnutzung statt, da durch die Verwendung dieser Domain die Wertschätzung einer bekannten Marke in unlauterer Weise beeinträchtigt wurde.

2. Schadenersatzanspruch

Bei einer vorsätzlichen oder fahrlässigen Handlung des Markenverletzers hat der Markeninhaber außerdem einen Anspruch auf Schadenersatz (§ 14 Abs. 6, 7 MarkenG).

3. Sonstige Rechtsfolgen

Ferner kann er die *Vernichtung* der widerrechtlich gekennzeichneten Gegenstände verlangen (§ 18 MarkenG) und hat einen Anspruch auf *Auskunft über die Herkunft* und den Vertriebsweg der widerrechtlich gekennzeichneten Waren bzw. Verpackungen (§ 19 MarkenG). Sollen ohne Zustimmung des Markeninhabers im Ausland hergestellte Produkte nach Deutschland importiert werden, erfolgt auf Antrag des Markeninhabers eine *Beschlagnahme* der markenrechtswidrig hergestellten Produkte an der Grenze *durch Zollbehörden* (§§ 146 bis 151 MarkenG).

Ein Unterlassungsanspruch besteht allerdings nicht im Falle der sog. *Erschöpfung des Markenrechts*. Nach § 24 MarkenG kann der Markeninhaber Dritten nicht untersagen, die Marke für Waren zu benutzen, die unter dieser Kennzeichnung vom Markeninhaber oder mit seiner Zustimmung im Inland, einem der übrigen Mitgliedstaaten der EG oder in einem Vertragsstaat des Abkommens über den Europäischen Wirtschaftsraum in Verkehr gebracht worden sind. Damit können Reimporte von Originalwaren aus anderen EG-Staaten durch den Markeninhaber nicht untersagt werden, wenn er selbst die Waren innerhalb der EG in Verkehr gebracht hat.

C. Schutz geschäftlicher Bezeichnungen

Neben Marken werden im Markengesetz auch geschäftliche Bezeichnungen geschützt (§ 1 Nr. 2 MarkenG, § 5 MarkenG). Geschäftliche Bezeichnungen sind nach **§ 5 MarkenG** *Unternehmenskennzeichen* und *Werktitel*.

I. Schutz von Unternehmenskennzeichen
1. Schutz nach dem MarkenG

Unternehmenskennzeichen sind Zeichen, die im *geschäftlichen Verkehr* als Name, als Firma oder als besondere Bezeichnung eines Geschäftsbetriebs oder eines Unternehmens benutzt werden.

Die *Firma* ist nach **§ 17 Abs. 1 HGB** der Name eines Kaufmanns, unter dem er seine Geschäfte betreibt und die Unterschrift abgibt. Eine Firma ist somit nur der Handelsname des Kaufmanns und nicht das Unternehmen selbst. Der Kaufmann kann eine Personenfirma (z.B.: Michael Müller GmbH), Sachfirma (z.B.: Deutsch-Französische Unternehmensberatung GmbH), Mischfirma (z.B.: Udo Ungeduldig Expresszustellungen GmbH) oder auch eine Phantasiebezeichnung (z.B.: Blaugeist GmbH) wählen, solange

Kennzeichnungswirkung und Unterscheidungskraft der Firma gewährleistet sind.

Der besonderen Bezeichnung eines Geschäftsbetriebs stehen solche Geschäftsabzeichen und sonstige zur Unterscheidung des Geschäftsbetriebs von anderen Geschäftsbetrieben bestimmte Zeichen gleich, die innerhalb beteiligter Verkehrskreise als Kennzeichen des Geschäftsbetriebs gelten. Unternehmenskennzeichen im Sinne des Markenrechts ist also nicht nur die Firma selbst, sondern auch bloße Firmenbestandteile sind Unternehmenskennzeichen, sofern sie vom Verkehr als Name des Unternehmens angesehen werden. Daher ist auch ein Bestandteil eines Firmennamens geschützt, wenn er vom Verkehr als Name des Unternehmens angesehen wird.

Auch durch die Benutzung eines Domainnamens kann ein entsprechendes Unternehmenskennzeichen entstehen, wenn durch die Art der Benutzung deutlich wird, dass der Domainname nicht lediglich als Adressbezeichnung verwendet wird, und der Verkehr daher in der als Domainname gewählten Bezeichnung einen Herkunftshinweis erkennt (BGH, Urt.v. 22.7.2004 – I ZR 135/01 [Soco.de], NJW 2005, 1198 = WRP 2005, 338).

Dritten ist es untersagt, die geschäftliche Bezeichnung oder ein ähnliches Zeichen im geschäftlichen Verkehr unbefugt in einer Weise zu benutzen, die geeignet ist, *Verwechslunge*n mit der geschützten Bezeichnung hervorzurufen (**§ 15 Abs. 2 MarkenG**). Ob eine Verwechslungsgefahr vorliegt, ist nach allgemeinen Erfahrungssätzen zu beurteilen.

Beispiel: Der Inhaber des „City-Hotel" geht gegen die Bezeichnung „City-Hilton" vor. Der Bundesgerichtshof sah hier keine Verwechslungsgefahr, da dem geschützten Unternehmenskennzeichen ein Zusatz anhänge, der nach Ansicht des beteiligten Verkehrs der prägende Teil dieses Unternehmenskennzeichens sei. Bei der Wortkombination schließe hier der weltweit bekannte Name „Hilton" eine Verwechslungsgefahr aus (BGH, Urt.v. 30.3.1995 – I ZR 60/93, WRP 1995, 615 = GRUR 1995, 507).

Der *räumliche Geltungsbereich des Schutzes* umfasst beim Namen einer natürlichen Person das ganze Inland, bei einer Firma dagegen nur den räumlichen Bereich, in dem der Name benutzt wird, ferner den Bereich, auf den der Name ausstrahlt sowie bei einem auf Ausdehnung angelegten Unternehmen das Gebiet, auf das eine Ausdehnung möglich erscheint.

Beispiel: Ein Unternehmen ist unter der Firma „Pic Nic für Imbissbetriebe GmbH" im Jahr 1981 in das Handelsregister Karlsruhe eingetragen worden und betrieb 1983 zwei Imbissstände in Baden-Württemberg. In der Folgezeit kamen noch weitere Imbissstände in Baden-Württemberg und in Nordbayern hinzu. Es will einem anderen Kaufmann, der in München seit 1983 einen Verkaufskiosk unter dem Namen Pic-nic betreibt, die Nutzung dieses Namens verbieten.

Der BGH (Urt.v. 6.5.1993 – I ZR 123/91, WRP 1993, 705 = GRUR 1993, 923) wies die Klage ab. Der Schutz sei räumlich begrenzt durch die Benutzung. Bei einem Unternehmen, das von vornherein auf Ausdehnung angelegt ist, könne auch ein überörtlicher Schutz entstehen. Dies ist bei Imbissbetrieben nur der Fall, wenn diese Absicht durch die Eröffnung von Betrieben an verschiedenen Orten bereits verwirklicht ist. Maßgeblicher Zeitpunkt dafür sei der Zeitpunkt der Inbenutzungsnahme der Bezeichnung durch das Unternehmen, dem die Nutzung der Bezeichnung untersagt werden soll. Da das Karlsruher Unternehmen im Jahr 1983 nur in Baden-Württemberg tätig war, reiche sein Namensschutz nicht bis nach München.

Nach § 15 Abs. 3 MarkenG sind *bekannte geschäftliche Bezeichnungen* in besonderer Weise geschützt. Dort heißt es: „Handelt es sich bei der geschäftlichen Bezeichnung um eine im Inland bekannte geschäftliche Bezeichnung, so ist es Dritten ferner untersagt, die geschäftliche Bezeichnung oder ein ähnliches Zeichen im geschäftlichen Verkehr zu benutzen, wenn keine Gefahr von Verwechslungen im Sinne des Absatzes 2 besteht, soweit die Benutzung des Zeichens die Unterscheidungskraft oder die Wertschätzung der geschäftlichen Bezeichnung ohne rechtfertigenden Grund in unlauterer Weise ausnutzt oder beeinträchtigt."

Wer eine geschäftliche Bezeichnung oder ein ähnliches Zeichen rechtswidrig benutzt, kann von dem Inhaber der geschäftlichen Bezeichnung auf *Unterlassung* in Anspruch genommen werden (§ 15 Abs. 4 MarkenG). Wer die Verletzungshandlung vorsätzlich oder fahrlässig begeht, ist dem Inhaber der geschäftlichen Bezeichnung zum *Ersatz des daraus entstandenen Schadens* verpflichtet (§ 15 Abs. 5 MarkenG).

2. Weitere Schutznormen außerhalb des Markenrechts

Eine weitere Anspruchsgrundlage ist **§ 12 BGB**. § 12 BGB schützt das *Namensrecht*. Diese Vorschrift lautet: „Wird das Recht zum Gebrauch eines Namens dem Berechtigten von einem anderen bestritten oder wird das Interesse des Berechtigten dadurch verletzt, dass ein anderer unbefugt den gleichen Namen gebraucht, so kann der Berechtigte von dem anderen Beseitigung der Beeinträchtigung verlangen." Die Rechtsprechung hat diesen Schutz auch auf die Firma ausgedehnt. § 12 BGB schützt den Namensträger allerdings nur dann gegen den unbefugten Gebrauch seines Namens, wenn sein Interesse verletzt ist. Bei Firmen ist der Schutz daher örtlich begrenzt auf den Wirkungskreis des Unternehmens.

Da die §§ 5, 15 MarkenG als Spezialgesetz dem § 12 BGB vorgehen, kommt § 12 BGB nur zur Anwendung, wenn das Markengesetz einen bestimmten Sachverhalt nicht regelt. Im Gegensatz zu § 15 MarkenG setzt § 12 BGB nicht voraus, dass der Name im geschäftlichen Verkehr benutzt wird. § 12 BGB gibt dem Namensinhaber somit in den Fällen einen Unterlassungsanspruch, in denen ein Dritter den Namen *für private Zwecke* gebraucht. Damit ist § 12 BGB eine wichtige Anspruchsgrundlage bei Domainstreitigkeiten.

54

Beispiel: Andreas Shell ist Inhaber der Internet-Domain „shell.de", welche er für private Zwecke nutzt. Die Deutsche Shell GmbH, Tochterunternehmen des Mineralölunternehmens Shell, klagt gegen ihn auf Unterlassung der weiteren Verwendung des Domain-Namens und auf Umschreibung der Internet-Adresse auf die Shell GmbH. Der BGH (Urt.v. 22.11.2001 - I ZR 138/99, WRP 2002, 694 = GRUR 2002, 622) hat einen Unterlassungsanspruch anerkannt. Dieser wurde auf § 12 BGB gestützt.

Der beklagten Privatperson könne zwar grundsätzlich nicht verwehrt werden, ihren eigenen Namen für einen Internet-Auftritt zu verwenden. Wenn mehrere Personen als berechtigte Namensträger für einen Domain-Namen in Betracht kämen, seien deren Interessen gegeneinander abzuwägen. Ein Vorrang geschäftlicher vor privaten Interessen bestehe dabei nicht. Vielmehr gelte in erster Linie das Prinzip der Priorität, es sei also darauf abzustellen, wer die Domain als Erster angemeldet hat. Dem müsse sich bei einem Streit von zwei Gleichnamigen grundsätzlich auch der bekanntere Namensträger unterwerfen. Im Streitfall könne es jedoch ausnahmsweise nicht bei der Anwendung der Prioritätsregel bleiben, da die Marke „Shell" mit einer überragenden Bekanntheit ausgestattet sei.

Ein Internet-Nutzer, der die Adresse www.shell.de eingebe, erwarte unter dieser Adresse den Internet-Auftritt der Klägerin. Der heterogene Kreis der am Internet-Angebot der Klägerin interessierten Kunden könne auch nicht auf einfache Weise darüber informiert werden, dass ihr Internet-Auftritt unter einem anderen Domain-Namen als www.shell.de zu finden sei. Auf der anderen Seite erwarteten Bekannte des Beklagten kaum von sich aus, die private Homepage der Familie Shell unter www.shell.de abrufen zu können. Ferner könnte dieser homogene Benutzerkreis auch leicht über eine Änderung des Domain-Namens informiert werden. Daher müsse der Beklagte hier auf seine Adresse verzichten und für seinen Domain-Namen einen Zusatz wählen, um zu vermeiden, dass eine Vielzahl von Kunden, die sich für das Angebot des Unternehmens Shell interessieren, seine Homepage aufrufen. Ein Anspruch auf Übertragung der Internet-Adresse bestehe dagegen nicht. Auch wenn dies im konkreten Fall keine Rolle spiele, könne einem Dritten ein gleich gutes oder ein noch besseres Recht zustehen. Deshalb sei ein Anspruch auf Übertragung des Domain-Namens generell abzulehnen.

Im sog. Maxem-Urteil vom 26.6.2003 – I ZR 296/00 (WRP 2003, 1215) hat der BGH ergänzt, dass § 12 BGB auch denjenigen schütze, der ein *Pseudonym* verwende. Dieser Schutz setze in diesem Fall jedoch voraus, dass der Träger des angenommenen Namens im Verkehr unter diesem Namen bekannt sei.

Bei Namen, die keine überragende Bekanntheit genießen, muss der Domain-Besitzer diese Domain zwar nicht herausgeben, ein anderer Inhaber dieses Namens kann aber von ihm verlangen, dass er auf der ersten sich öffnenden Seite darüber aufklärt, dass es sich nicht um die Homepage des anderen Namenträgers handelt. Dies hat der BGH im „Vossius.de"-Urteil vom 11.4.2002 – I ZR 317/99 (WRP 2002, 691) entschieden. Dort hatte ein Rechtsanwalt seinen Kanzleinamen, den er seit 1986 führte und der zugleich sein Eigenname war, im Jahr 1992 mit seiner Kanzlei verkauft. Er trat dann in die Kanzlei seines Sohnes ein, die unter diesem Eigennamen eine Homepage eröffnete. Der BGH bejahte einen Unterlassungsanspruch der Kanzleikäufer nach §§ 5, 15 Abs. 2 MarkenG. Dem Domaininhaber wurde untersagt, den Domainnamen in einer Weise zu verwenden, die geeignet sei, Verwechslungen hervorzurufen. Ihn treffe eine Pflicht zur Rücksichtnahme, weil er erst seit 1992 den Namen „Vossius" in Alleinstellung benutze, während die Kanzlei der Kläger bereits seit 1986 als „Vossius & Partner" firmiere.

Ein Namensrecht steht auch *Städten* zu. Städte mit bekannten Namen wie „Heidelberg" oder „Berlin" können daher von Dritten die Herausgabe der Domain verlangen. Bei weniger bekannten Stadtnamen kommt es darauf an, ob der Domain-Inhaber ein berechtigtes Interesse an der Domain hat. Ein solches berechtigtes Interesse liegt zum Beispiel vor, wenn eine Gesellschaft einen Stadtnamen in ihrer Firma führt.

Beispiel: Die Stadt Vallendar verlangt von der „Vallendar Brennereitechnik GmbH" die Herausgabe der Domain „Vallendar.de". Das OLG Koblenz (Urt.v. 25.1.2002 – 8 U 1842/00, MMR 2002, 280) sah dafür keine Rechtsgrundlage, da „Vallendar" kein Name mit überragender Bekanntheit sei, weshalb hier der Grundsatz der Priorität greife.

Die Firma ist außerdem geschützt nach **§ 37 HGB**. Dort heißt es unter der Überschrift „Unzulässiger Firmengebrauch":

(1) Wer eine nach den Vorschriften dieses Abschnitts ihm nicht zu-
stehende Firma gebraucht, ist von dem Registergericht zur Unterlassung
des Gebrauchs der Firma durch Festsetzung von Ordnungsgeld anzu-
halten.

(2) Wer in seinen Rechten dadurch verletzt wird, dass ein anderer eine
Firma unbefugt gebraucht, kann von diesem die Unterlassung des Gebrauchs der Firma verlangen. Ein nach sonstigen Vorschriften begrün-
deter Anspruch auf Schadensersatz bleibt unberührt.

§ 37 HGB gewährt in Abs. 1 einen öffentlichrechtlichen, in
Abs. 2 einen privatrechtlichen Schutz. Der Unterlassungsanspruch nach § 37 Abs. 2 HGB setzt nicht voraus, dass der
unbefugte Firmengebrauch schuldhaft geschieht. Allerdings
ist die Wirkung dieser Vorschrift dadurch recht beschränkt,
dass sie nur vor der Verwendung eines ähnlichen Namens
durch ein am gleichen Ort ansässiges Unternehmen schützt.
Will der Firmeninhaber nicht nur auf Unterlassung klagen,
sondern zusätzlich Schadensersatz haben, muss er sich auf
das MarkenG stützen. Dieser Anspruch setzt aber voraus,
dass die Rechtsverletzung vorsätzlich oder fahrlässig be-
gangen wurde.

II. Schutz von Werktiteln

Werktitel sind Namen oder besondere Bezeichnungen von
Druckschriften, *Filmwerken*, *Tonwerken*, *Bühnenwerken*
oder sonstigen vergleichbaren Werken. Das Titelrecht entsteht mit der *tatsächlichen Benutzungsaufnahme*. Dieser ist
die Ankündigung eines Werkes unter seinem Titel gleich-
zustellen, wenn das Werk unter dem Titel in angemessener
Frist (nach der Rechtsprechung sechs Monate) erscheint.

D. Schutz geographischer Herkunftsangaben

Geographische Herkunftsangaben sind nach **§ 126 Marken-G** geschützt. Diese Vorschrift schützt die Namen von Orten, Gegenden, Gebieten oder Ländern sowie sonstige Angaben oder Zeichen, die im geschäftlichen Verkehr zur Kennzeichnung der geographischen Herkunft von Waren oder Dienstleistungen benutzt werden.

Vom Schutz ausgeschlossen sind nach § 126 Abs. 2 MarkenG geographische Herkunftsangaben, die zur *Gattungsbezeichnung* geworden sind, das heißt die zwar eine Angabe über die geographische Herkunft enthalten oder von einer solchen Angabe abgeleitet sind, die jedoch ihre ursprüngliche Bedeutung verloren haben und als Namen von Waren oder Dienstleistungen oder als Bezeichnung oder Angabe der Art, der Beschaffenheit, der Sorte oder sonstiger Eigenschaften oder Merkmale von Waren oder Dienstleistungen dienen.

Beispiel: Wiener Schnitzel (hier ist klar, dass dieses nicht aus Wien kommt).

Der Schutzinhalt ist in § 127 MarkenG definiert. Danach dürfen Herkunftsangaben im geschäftlichen Verkehr nicht für Waren oder Dienstleistungen benutzt werden, die nicht aus dem bezeichneten Gebiet stammen, wenn bei der Benutzung solcher Angaben eine *Gefahr der Irreführung* über die geographische Herkunft besteht.

Beispiel: Das unter der Bezeichnung „Warsteiner" vertriebene Bier wurde bis 1990 nur im Ort Warstein gebraut. 1990 erwarb die Brauerei eine 40 km von Warstein entfernt gelegene Brauerei in Paderborn und brachte auch das dort gebraute Bier unter der Bezeichnung „Warsteiner" auf den Markt. Hier könnte ein Verstoß gegen § 127 Abs. 1 MarkenG vorliegen. Danach muss ein Bier mit der Bezeichnung „Warsteiner" auch aus Warstein stammen. Der BGH (Urt.v. 19.9.2001 – I ZR 54/96, WRP 2001, 1450 = GRUR 2002, 160) lässt aber Ausnahmen von diesem Grundsatz zu, wenn ein *Kennzeichnungsverbot unverhältnismäßig* wäre. Zu prüfen ist daher, ob die unternehmerischen Interessen besonders schützenswert sind und ob die Interessen des Verbrauchers kein besonderes Gewicht haben. Die Marke „Warsteiner" ist bekannt und zugleich ein wertvolles Unternehmenskennzeichen. Dagegen ist das Schutzbedürfnis des Verbrauchers hinsichtlich des Brauortes als gering einzustufen. Daher hat der BGH einen Unterlassungsanspruch nach § 128 Abs. 1 i.V.m. § 127 Abs. 1 MarkenG gegen Warsteiner verneint.

Haben die durch eine geographische Herkunftsangabe gekennzeichneten Waren oder Dienstleistungen besondere Eigenschaften oder eine *besondere Qualität*, so darf die Herkunftsangabe für Waren und Dienstleistungen dieser Herkunft nur benutzt werden, wenn sie diese Eigenschaften oder die Qualität aufweisen.

Beispiel: Mit Messer aus Solinger Stahl wird eine besondere Qualität verbunden. Kommt der Stahl zwar tatsächlich aus Solingen, ist er aber von einer minderen, in Solingen nicht üblichen Qualität, liegt ein Verstoß gegen § 127 Abs. 2 MarkenG vor.

Genießt eine Herkunftsangabe *besonderen Ruf*, so darf sie auch dann nicht benutzt werden, wenn zwar keine Gefahr der Irreführung über die Herkunft besteht, sie jedoch geeignet ist, den Ruf der Herkunftsangabe oder ihre Unterscheidungskraft ohne rechtfertigenden Grund auszunutzen oder zu beeinträchtigen.

Beispiel: Champagner. Die Domain „champagner.de" kann nach dem MarkenG geschäftsmäßig nur genutzt werden, wenn auf dieser Seite Informationen über den Champagner verbreitet werden.

Auf europäischer Ebene gibt es die Verordnung (EG) Nr. 510/2006 des Rates vom 20.3.2006 zum Schutz von geographischen Angaben und Ursprungsbezeichnungen für Agrarerzeugnisse und Lebensmittel, wonach z.B. die Bezeichnung „Spreewälder Gurken" geschützt ist.

E. Die Europäische Gemeinschaftsmarke

Marken können aber nicht nur im nationalen, sondern auch im europäischen Rahmen erworben werden. Letzteres regelt die Gemeinschaftsmarkenverordnung (GMVO), die seit dem 15.3.1994 in Kraft ist. Zuständige Behörde für die europäische Marke ist das Harmonisierungsamt für den Binnenmarkt - HABM. Bezüglich der europäischen Marke gilt das *Prinzip der Einheitlichkeit*: Sie hat eine einheitliche Wirkung auf dem Gebiet der EG. Der Markenbegriff der GMVO entspricht dem des MarkenG. Es besteht aber gegenüber dem MarkenG insoweit eine Abweichung, dass die Gemeinschaftsmarke *nur durch Eintragung erworben* werden kann.

Dazu ist eine Markenanmeldung beim HABM oder beim nationalen Markenamt, in Deutschland also beim DPMA (dazu § 125a MarkenG), einzureichen. Beim HABM erfolgt eine Prüfung auf formale Eintragungserfordernisse und auf absolute Eintragungshindernisse. Dieses sorgt auch für die Veröffentlichung der Anmeldung.

Jeder kann gegen die Erteilung einer Marke Widerspruch einlegen beim HABM. Über diesen Widerspruch entscheidet die Widerspruchsabteilung des HABM. Gegen die Entscheidung der Widerspruchsabteilung des Amtes kann Beschwerde eingelegt werden. Über die Beschwerde entscheidet die Beschwerdekammer des HABM. Die Mitglieder der Beschwerdekammer genießen richterliche Unabhängigkeit. Gegen die Entscheidung der Beschwerdekammer des Amtes kann Klage beim Gerichtshof der Europäischen Gemeinschaften erhoben werden.

Die europäische Marke wird für zehn Jahre erteilt, sie kann jedoch *beliebig verlängert* werden. Wie im deutschen Recht besteht ein Benutzungszwang mit einer Schonfrist von fünf Jahren. Wird die Marke in dieser Zeit nicht genutzt, kann sie gelöscht werden.

F. Das Madrider Markenabkommen

Das Madrider Abkommen über die internationale Registrierung von Marken (MMA) vom 14.4.1891 (BGBl. 1970 II 418; BGBl. 1984 II 799) regelt die internationale Registrierung von Marken. Zuständig für die Registrierung ist die WIPO. Beansprucht werden kann der Schutz für beliebig viele Vertragsstaaten, in denen die Marke jeweils wie ein nationales Schutzrecht behandelt wird. Man kann durch diese Registrierung also ein *Bündel nationaler Marken* erhalten. Regelungen für internationale Registrierungen nach dem MMA, die durch Vermittlung des DPMA vorgenommen werden oder deren Schutz sich auf die Bundesrepublik Deutschland erstreckt, finden sich in den **§§ 107 bis 125 MarkenG**. Bei Verletzungsverfahren ist Klage vor dem Gericht zu erheben, das der jeweilige Mitgliedstaat benannt hat. In Deutschland sind dies die Landgerichte (§ 125e MarkenG).

9. Wettbewerbsrecht

A. Abgrenzung zum Kartellrecht

Das Wettbewerbsrecht ist im *„Gesetz gegen den unlauteren Wettbewerb (UWG)"* geregelt. Es ist vom Kartellrecht abzugrenzen, welches im *„Gesetz gegen Wettbewerbsbeschränkungen (GWB)"* geregelt ist. Beide Gesetze schützen den Wettbewerb, aber unter unterschiedlichen Aspekten. Der Unterschied zwischen diesen beiden Gesetzen soll an zwei Beispielen verdeutlicht werden:

Die Mineralölkonzerne stimmen die Preise ab; es gibt daher keinen Wettbewerb. Diese Situation will das GWB verhindern.

Eine Tankstelle lockt Kunden mit irreführender Werbung an; es gibt also einen Wettbewerb, aber ein Wettbewerber arbeitet mit sittenwidrigen Mitteln. Dagegen kämpft das UWG an.

Zwischen diesen beiden Gesetzen gibt es nicht nur inhaltliche, sondern auch strukturelle Unterschiede: Beim *GWB*
wachen *Behörden* über die Einhaltung des Gesetzes, nämlich das Bundeskartellamt, die Wirtschaftministerien der
Länder und bezüglich europäischer Kartellrechtsbestimm-
ungen die Europäische Kommission.

Im Anwendungsbereich des *UWG* gibt es dagegen *keine
Überwachungsbehörde*. Einzige Sanktionsmöglichkeit ist die
Klage eines Konkurrenten und von im Gesetz näher bestimmten Verbänden gegen sittenwidrige Wettbewerbshand-
lung.

B. Grundlagen

Das UWG wurde mit dem Gesetz vom 3.7.2004 (BGBl. 2004
I 1414) grundlegend reformiert. Damit haben sich gegenüber
der Altfassung sämtliche Paragraphen geändert. Ältere Bü-
cher und Gerichtsentscheidungen sind daher nur noch bedingt aussagekräftig.

Wichtigste Norm im UWG war früher die *Generalklausel*, die
sich nach der Gesetzesänderung in **§ 3 UWG** findet. Dort
heißt es: „Unlautere Wettbewerbshandlungen, die geeignet
sind, den Wettbewerb zum Nachteil der Mitbewerber, der
Verbraucher oder der sonstigen Marktteilnehmer *nicht nur
unerheblich* zu beeinträchtigen, sind unzulässig."

Konkrete Beispiele für Wettbewerbsverstöße werden in den
§§ 4 bis 7 UWG aufgezählt. Zum einen wurde diese Liste
gegenüber der Altfassung des Gesetzes ausgeweitet, zum
anderen wird nun in der Generalklausel gefordert, dass der
Wettbewerbsverstoß erheblich sein muss. Damit dürfte die
Generalklausel nur noch in wenigen Fällen Bedeutung haben.

Beispiel 1: Eine Brauerei machte mit folgender Aussage Werbung: „Mit
jeder Kiste Krombacher, die Sie kaufen, schützen Sie einen Quadratmeter
afrikanischen Regenwald." In Abweichung von der älteren Rechtsprechung ist nach Ansicht des BGH die Verbindung von Bier und gutem Zweck
zulässig. Eine Werbeaussage ist nach neuerer Ansicht nicht schon dann

wettbewerbsrechtlich unlauter, wenn das Kaufinteresse maßgeblich durch
Ansprechen des sozialen Verantwortungsgefühls geweckt werden soll,
ohne dass dies in einem sachlichen Zusammenhang mit den beworbenen
Waren steht (BGH, Urt.v. 22.9.2005 – I ZR 55/02, GRUR 2006, 75 = NJW
2006, 149).

Wettbewerbsrechtlich nach wie vor notwendig ist allerdings, dass es
nachweisbar tatsächlich zur Förderung des angegebenen Zwecks kommt.
Nach älterer Rechtsprechung wurde zudem gefordert, dass dem Verbraucher durch die Bekanntgabe eines Spendenkontos eine Alternative
zum Kauf aufgezeigt werden muss, durch welche er ebenfalls Gutes tun
kann. Es scheint aber, dass der BGH diese Rechtsprechung nicht mehr
aufrechterhält.

Beispiel 2: Der BGH hatte über eine Unterlassungsklage gegen den Betreiber eines Internet-Suchdienstes zu entscheiden. Der Suchdienst wer-
tete eine Vielzahl von Websites, vor allem von Zeitungen, auf aktuelle
Informationen aus. Auf Anfrage erhalten Internetnutzer kostenlos Auf-
listungen der Veröffentlichungen, die ihren Suchworten entsprechen. Die
erste Zeile enthält jeweils die Quelle in Form eines Hyperlinks, also eines
elektronischen Verweises, mit dessen Hilfe die Veröffentlichung unmittelbar abgerufen werden kann. Das Anklicken des Hyperlinks führt nicht auf
die Startseite des Internetauftritts des Informationsanbieters, sondern unmittelbar auf die Webseite mit der Veröffentlichung (sog. Deep-Link). Der
Nutzer wird so an den Werbeeintragungen auf der Startseite vorbei-
geleitet.
Der Kläger, ein Verlagshaus, das einzelne Artikel aus ihren Publikationen
auch im Internet auf ihren Websites veröffentlicht, hielt diese Vorgehensweise für wettbewerbswidrig. Der BGH sah das in seinem Urteil vom
17.7.2003 – I ZR 259/00, WRP 2003, 1341 = GRUR 2003, 958) anders.
Die Herkunft der nachgewiesenen Artikel werde nicht verschleiert. Es sei
auch nicht unlauter, wenn die Nutzer durch Deep-Links an den Startseiten
der Internetauftritte der Klägerin vorbeigeführt würden. Auch wenn dieser
dadurch Einnahmen für die Werbung auf den Startseiten entgingen,
könne sie nicht verlangen, dass nur der umständliche Weg über die
Startseiten gegangen werde und die Möglichkeiten der Hyperlinktechnik
ungenutzt blieben. Wenn die Klägerin das Internet für ihre Selbst-
darstellung nutze, müsse sie auch die Beschränkungen in Kauf nehmen,
die sich aus dem Allgemeininteresse an der Funktionsfähigkeit des
Internets für die Durchsetzung ihrer Interessen ergäben. Ohne die
Inanspruchnahme von Suchdiensten und deren Einsatz von Hyperlinks
gerade in der Form von Deep-Links sei die sinnvolle Nutzung der
unübersehbaren Informationsfülle im Internet praktisch ausgeschlossen.
Die Tätigkeit von Suchdiensten und deren Einsatz von Hyperlinks müsse
deshalb jedenfalls dann hingenommen werden, wenn diese lediglich den
Abruf der vom Berechtigten selbst ohne technische Schutzmaßnahmen
öffentlich zugänglich gemachten Informationen erleichtern.

C. Im UWG ausdrücklich genannte Tatbestände

Beispiele für unlauteren Wettbewerb finden sich in den **§§ 4 bis 7 UWG**.

I. Belästigung

Hier einige Beispiele für wettbewerbswidrige Belästigung (§ 4 Nr. 1 UWG):

Telefax-Zusendung

Beispiel: Ein privater Zeitungsinserent bietet eine Immobilie zum Kauf an und gibt dabei seine Telefax-Nummer an. Ein Immobilien-Makler wendet sich zur Erlangung eines Vermittlungsauftrags per Telefax an ihn.

Die gewerbliche Anbietung von Diensten per Telefax an Private wie auch an Gewerbetreibende ist wettbewerbswidrig, wenn sich der Adressat nicht mit einer solchen Kontaktaufnahme ausdrücklich oder konkludent (das heißt stillschweigend durch entsprechendes Handeln) einverstanden erklärt hat oder das Einverständnis aufgrund konkreter Umstände vermutet wird. Begründung: Verursachung von Kosten (Toner, Papier, Strom) und Blockierung des Telefaxgerätes. Im Beispielsfall gibt zwar der Inserent, der seine Telefax-Nummer angibt, sein Einverständnis zu Telefax-Anfragen. Dieses Einverständnis gilt aber nicht für jedermann, sondern nur für Kaufinteressenten. Daher handelt der Immobilien-Makler wettbewerbswidrig, § 7 Abs. 2 Nr. 3 UWG.

Telefon-Werbung (§ 7 Abs. 2 Nr. 2 UWG):

Ungebetene Anrufe unter einem privaten Anschluss sind unlauter, da ein unzulässiger Eingriff in die Individualsphäre des Anschlussinhabers vorliegt. Die Wettbewerbswidrigkeit entfällt nicht dadurch, dass der Anruf vorher brieflich angekündigt wurde. Im gewerblichen Bereich sind Anrufe nur zulässig, wenn der Anruf im konkreten Interessenbereich des Angerufenen liegt, wenn also der Anrufer aufgrund konkreter Umstände ein Interesse des Angerufenen vermuten konnte.

E-mail-Werbung (§ 7 Abs. 3 UWG):

Wegen der möglichen Überlastung des Speichers ist ungebetene E-mail-Werbung grundsätzlich unzulässig.

Schockwerbung als Belästigung?

Ein weiterer Problemfall ist die sogenannte Schockwerbung. Hier kam es in den letzten Jahren zu einem Meinungsumschwung in der Rechtsprechung. Anlass zu einigen Grundsatzentscheidungen des BVerfG gab die Benetton-Werbung: Auf den Werbeplakaten sah man die Abbildung eines mit Öl befleckten Vogels, schwer arbeitende Kleinkinder in der Dritten Welt und ein nacktes Gesäß, auf das die Worte „H.I.V. POSITIVE" aufgestempelt sind. Das BVerfG hielt die Werbeplakate – im Gegensatz zum BGH, dessen Urteile es verwarf – für zulässig, da sie vom Grundrecht der Meinungsfreiheit nach Art. 5 GG gedeckt seien. Eine Einschränkung dieses Grundrechts setze eine Rechtfertigung durch wichtige Gemeinwohlbelange oder Rechte Dritter voraus. Die Darstellung schweren Leids von Mensch und Tier, die Mitleid erweckt und dieses Gefühl ohne sachliche Veranlassung zu Wettbewerbszwecken ausnutzt, stelle für sich allein noch nicht eine solche Rechtfertigung dar. Anders sei es nur, wenn ekelerregende, furchteinflössende oder jugendgefährdende Bilder gezeigt werden (BVerfG, Urt.v. 12.12.2000 – 1 BvR 1762/95, 1 BvR 1787/95, WRP 2001, 129 = GRUR 2001, 170 ; Beschl.v. 11.3.2003 – 1 BvR 426/02, WRP 2003, 1303 = GRUR 2003, 442).

II. Täuschung

Täuschungshandlungen werden in § 4 Nr. 2, 4, 5, 9 UWG ausdrücklich aufgeführt. Entscheidend für die Frage, ob eine Irreführung und damit ein Wettbewerbsverstoß vorliegt, ist das *Verbraucherleitbild* der Rechtsprechung. Bei der Beurteilung, ob eine Irreführung vorliegt oder nicht, stellte der BGH früher auf den flüchtigen, oberflächlichen Durchschnittsbetrachter, Durchschnittsleser oder Durchschnittshörer ab, der eine Werbebehauptung unkritisch wahrnimmt. Dies stieß auf Kritik in der Literatur: Der BGH stelle auf den fast schon pathologisch dummen und fahrlässigen Durchschnittsverbraucher ab. Der Europäische Gerichtshof hielt bei der Auslegung der EG-Richtlinien dagegen für entscheidend, wie ein durchschnittlich informierter, aufmerksamer und verständiger Durchschnittsverbraucher diese Angabe wahrscheinlich auffassen wird. Unter dem Einfluss dieser europäischen Rechtsprechung änderte der BGH seine Rechtsprechung und stellt jetzt auf die *situationsadäquate Aufmerksamkeit des Durchschnittsverbrauchers* ab. Hinter dieser Formulierung verbirgt sich der Grundsatz, dass vom Käufer teurer, komplizierter Güter erwartet wird, dass er sich vor dem Kauf sorgfältig informiert, während dies vom Käufer eines billigen Alltagsgutes nicht verlangt wird.

Als Irreführungsquote reichte nach der bisherigen Rechtsprechung des BGH 10 bis 15%! Das heißt, wenn 15% der Verbraucher eine Warenpräsentation in einer Weise verstehen, dass man eine Irreführung bejahen kann, reicht dies für einen Verstoß gegen das UWG aus. Es ist allerdings nicht auszuschließen, dass der BGH aufgrund des geänderten Verbraucherleitbildes in Zukunft eine höhere Quote fordern wird.

Beispiel: Die Beklagte ist Inhaberin eines Super-Marktes in Hamburg. Die Klägerin, eine Vereinigung zur Förderung gewerblicher Belange, verlangt von ihr, dass sie es unterlässt, Produkte, bei denen das Mindesthaltbarkeitsdatum abgelaufen ist, in normalen Verkaufsregalen anzubieten. Unstreitig hat es solche Vorgänge bei Kaffee, dessen Haltbarkeitsdatum seit mehreren Wochen abgelaufen war, und bei leicht verderblichen Lebensmitteln im Kühlregal gegeben.

Kernfrage des Rechtsstreits ist, ob ein Kunde erwartet, in einem „normalen" Verkaufsregal nur Waren vorzufinden, deren Haltbarkeitsdatum noch nicht abgelaufen ist, und ohne einen klarstellenden Hinweis in seinen Erwartungen getäuscht und irregeführt wird, wenn er dem Regal Waren mit abgelaufenem Haltbarkeitsdatum entnimmt, oder ob die Beklagte dadurch ihrer Aufklärungspflicht nachkam, dass die Packungen das Mindesthaltbarkeitsdatum anzeigen. Ein Argument der Verkäuferin war, dass der verständige Durchschnittsverbraucher wisse, dass trotz aller Kontrollen Fehler möglich seien und er das Datum prüfen müsse.

66

Das OLG Frankfurt a.M. (WRP 2001, 423) kam zum Schluss, dass es nicht auf der Flüchtigkeit des Verbrauchers beruhe, wenn er das Datum nicht prüft, sondern auf der selbstverständlichen Annahme, ihm werde keine Ware angeboten, deren Mindesthaltbarkeitsdatum abgelaufen ist, und er deshalb keinen Anlass hat, die Ware zu prüfen. Es hielt das Verhalten der Verkäuferin daher für wettbewerbswidrig.

III. Vergleichende Werbung

Eine Definition von vergleichender Werbung findet sich in **§ 6 Abs. 1 UWG**: „Vergleichende Werbung ist jede Werbung, die unmittelbar oder mittelbar einen Mitbewerber oder die von einem Mitbewerber angebotenen Waren oder Dienstleistungen erkennbar macht." In Deutschland wurde vergleichende Werbung früher als wettbewerbswidrig angesehen. 1997 trat die EG-Richtlinie 97/55 in Kraft, nach deren Art. 3a Abs. 1 vergleichende Werbung, welche den Mitbewerber oder seine Leistungen erkennbar macht, grundsätzlich zulässig ist. In Deutschland erfolgte die Umsetzung der Richtlinie durch das Gesetz zur vergleichenden Werbung vom 1.9.2000, mit welchem § 2 UWG (jetzt § 6 UWG) neu gefasst und nun vergleichende Werbung zugelassen wurde.

Unzulässig sind allerdings nach wie vor insbesondere Vergleiche (§ 6 Abs. 2 UWG):

- die nicht objektiv auf eine oder mehrere wesentliche, relevante, *nachprüfbare und typische Eigenschaften* oder den Preis dieser Waren oder Dienstleistungen bezogen sind;
- die Waren, Dienstleistungen, Tätigkeiten oder persönliche oder geschäftliche Verhältnisse eines Mitbewerbers *herabsetzen oder verunglimpfen*.

IV. Behinderung und Ausbeutung der Konkurrenz

Weitere wettbewerbswidrige Tatbestände sind die Behinderung der Konkurrenz durch Boykott (§ 4 Nr. 10 UWG),

Geschäftsehrverletzung und Anschwärzung. Anschwärzung und geschäftliche Verleumdung sind in § 4 Nr. 8 UWG geregelt. Wer über einen anderen oder dessen Geschäft Tatsachen behauptet, die er nicht beweisen kann (Anschwärzung) oder die falsch sind (Verleumdung), handelt wettbewerbswidrig. Unzulässig ist ferner die Ausbeutung fremder Leistungen. Unlauter handelt, wer Waren oder Dienstleistungen anbietet, die eine Nachahmung der Waren oder Dienstleistungen eines Mitbewerbers sind, wenn er (§ 4 Nr. 9 UWG)

- eine vermeidbare *Täuschung der Abnehmer* über die betriebliche Herkunft herbeiführt,
- die *Wertschätzung* der nachgeahmten Ware oder Dienstleistung *unangemessen ausnutzt* oder beeinträchtigt oder
- die für die Nachahmung erforderlichen Kenntnisse oder *Unterlagen unredlich erlangt* hat.

D. Rechtsfolgen eines Wettbewerbsverstoßes

Ein Wettbewerbsverstoß kann drei verschiedene zivilrechtliche Folgen haben:

- einen *Unterlassungsanspruch*. Bei Wiederholungsgefahr kann die Unterlassungsverpflichtung durch eine angemessene Vertragsstrafe gesichert werden;
- einen Anspruch auf *Schadenersatz*. Dieser Anspruch setzt Verschulden voraus (§ 9 UWG);
- *Gewinnabschöpfung* (§ 10 UWG).

Klagebefugt bei Wettbewerbsverstößen sind nach § 8 Abs. 3 UWG nur

- *Gewerbetreibende*, soweit sie Konkurrenten und Mitbewerber sind;
- *Rechtsfähige Verbände* zur Förderung gewerblicher Interessen (Wirtschaftsverbände), sofern ihnen eine erhebliche Zahl von Unternehmern angehören.

Klagebefugt ist ein Verband aber nur, wenn er regional betroffen ist;

68

- *Verbraucherverbände*;
- *Industrie- und Handelskammern* und *Handwerkskammern.*

Nicht klagebefugt ist also der einzelne Verbraucher, auch wenn er unmittelbar von einer unseriösen Werbemaßnahme betroffen ist!

Eine *Einschränkung der Klagebefugnis* enthält **§ 8 Abs. 4 UWG**: Danach kann der Anspruch auf Unterlassung nicht geltend gemacht werden, wenn die Geltendmachung unter Berücksichtigung der gesamten Umstände *missbräuchlich* ist, insbesondere wenn sie vorwiegend dazu dient, gegen den Zuwiderhandelnden einen Anspruch auf Ersatz von Aufwendungen oder Kosten der Rechtsverfolgung entstehen zu lassen. Diese Vorschrift soll das Tätigwerden der sogenannten *Abmahnvereine* verhindern: Diese finanzieren sich durch Kosten der Abmahnung, die der Abgemahnte zu ersetzen hat (§§ 683, 677, 670 BGB). Zu ersetzen sind die Kosten, die der Abmahnende zur Vermeidung eines Prozesses für erforderlich halten darf; in der Regel wird eine Kostenpauschale verlangt, die durchaus 150 Euro pro Abmahnung übersteigen kann.

Abmahnungskosten können *nur klageberechtigte Personen* geltend machen, da die Abmahnung zur Vorbereitung des Klageverfahrens dient. Aber auch bei diesen ist Ersatz ausgeschlossen, wenn ein Missbrauch vorliegt. Dies ist der Fall, wenn die Bekämpfung des unlauteren Wettbewerbs nur als Vorwand für eine gewinnbringende Abmahn- und Prozesstätigkeit dient. In der Praxis betrifft dies die Fälle der Massenabmahnung.

Beispiel: Ein Rechtsanwalt in Sachsen mahnt 43 andere Anwälte in Sachsen ab, weil sie im Telefonbuch mit mehr Tätigkeitsschwerpunkten werben als berufsrechtlich zulässig ist. Als Konkurrent dieser 43 Anwälte wäre der Abmahnende zwar nach § 8 Abs. 3 UWG klagebefugt; da es sich um eine Massenabmahnung handelt, kann er aber nach § 8 Abs. 4 UWG wegen Missbrauchs seine Unkosten von den Abgemahnten nicht einfordern.

E. Spezielle Wettbewerbsgesetze

Beachte: *Rabattgesetz* und *Zugabeverordnung* als spezielle Wettbewerbsgesetze wurden zum 25.7.2001 aufgehoben. Seither dürfen Rabatte gewährt und Zugaben beim Kauf gegeben werden.

Ein spezielles Wettbewerbsgesetz ist das Preisangaben- und Preisklauselgesetz (BGBl. 1984 I 1429). Dieses Gesetz ist die Rechtsgrundlage für die Preisangabenverordnung (BGBl. 2002 I 4198). Wer Waren anbietet, muss nach dieser Verordnung auch den Endpreis dieser Waren angeben. Dies ist besonders bei Kopplungsgeschäften oft problematisch.

Beispiel: Ein Fotounternehmen bietet in Anzeigen Farbabzüge für 1 Cent pro Bild an. Dabei ist 1 Cent optisch hervorgehoben; ein Gesamtpreis wird nicht genannt. Dieses Angebot setzt voraus, dass man bei ihm den Film entwickeln lässt, was ein Fixum vom 2,50 Euro kostet.

Bei diesem Gesamtangebot kann in der Ankündigung allein des besonders günstigen Preises für einen Teil der zu erbringenden Leistung kein unsachliches Mittel gesehen werden. Das Unternehmen muss aber die verschiedenen Preisbestandteile der von ihm angebotenen Gesamtleistung zu einem Endpreis im Sinne des § 1 Abs. 1 Preisangabenverordnung zusammenfassen. Da dies hier nicht geschehen ist, wurde zugleich gegen § 3 UWG verstoßen. Dem steht nicht entgegen, dass der Endpreis von der Anzahl der bestellten Bilder abhängt. Das Unternehmen hätte jedenfalls anhand der üblichen Anzahl von 24 Bildern pro Film einen entsprechenden Endpreis nennen können.

Waren, die nach Katalogen oder Warenlisten, insbesondere im Versandhandel angeboten werden, sind nach § 2 Abs. 4 dieser Verordnung dadurch auszuzeichnen, dass die Preise neben den Warenabbildungen oder in den mit den Katalogen oder Warenlisten im Zusammenhang stehenden Preisverzeichnissen angegeben werden.

Spezielle Wettbewerbsregeln für bestimmte Branchen enthalten das *Heilmittelwerbegesetz* und *Berufsordnungen für Freie Berufe* wie die Rechtsanwälte, Ärzte und Apotheker.

Beispiel für einen Fall, in dem das Heilmittelwerbegesetz eine Rolle spielte: Eine Klinik hatte auf ihrer Homepage im Internet folgenden Text stehen: „Was wir für Sie tun können, hängt von dem ab was Sie haben." Bei den darunter aufgelisteten fünf medizinischen Krankheitsbeschrei-

70

bungen befand sich ein Link, der jeweils zu einer kurzen Beschreibung des Krankheitsbilds sowie der Art und Häufigkeit von deren Behandlung in der Klinik führte. Ein konkurrierender Facharzt für Chirurgie klagte vor dem Landgericht auf Unterlassung dieser Werbung. Die Zivilgerichte hielten die Werbung für wettbewerbswidrig, weil es sich dabei nicht um informierende oder aufklärende Hinweise handle. Das BVerfG sah dies in einem Beschluss vom 17.7.2003 – 1 BvR 2115/02 (WRP 2003, 1099 = NJW 2003, 2818) anders: Sofern die Werbung nicht marktschreierisch ist, sei sie zulässig.

Ein Beispiel für eine Wettbewerbsbestimmung in einer Berufsordnung ist § 43a Bundesrechtsanwaltsordnung (BRAO), der folgendermaßen lautet: „Werbung ist dem Rechtsanwalt nur erlaubt, soweit sie über die berufliche Tätigkeit in Form und Inhalt sachlich unterrichtet und nicht auf die Erteilung eines Auftrags im Einzelfall gerichtet ist."

Beispiel: Das BVerfG hat sich in einem Beschluss vom 12.9.2001 – 1 BvR 2265/00 (WRP 2001, 1284 = NJW 2001, 3324) mit dem anwaltlichen Werberecht auseinandergesetzt. Eine Anwaltskanzlei hatte im Internet eine Anfahrtsskizze zum Büro unter der Überschrift „So kommen Sie zu Ihrem Recht" präsentiert. Die Zivilgerichte gingen davon aus, dass diese Aussage gegen die BRAO verstoße, da sie sich nicht auf sachliche Angaben beschränke. Das BVerfG hat diese Entscheidungen aufgehoben und darauf hingewiesen, dass berufsrechtliche Regelungen im Lichte des Grundrechts der *Berufsfreiheit nach Art. 12 GG* zu sehen seien. Im vorliegenden Fall sei die Auffassung, der Internetauftritt der Rechtsanwaltskanzlei sei marktschreierisch, nicht nachvollziehbar. Diese Auslegung verkenne den Aussagegehalt und den Sprachwitz einer solchen Internetwerbung.

Weiteres Beispiel: In einer Entscheidung vom 4.8.2003 – 1 BvR 2108/02 (WRP 2003, 1213 = GRUR 2003, 965) hat das BVerfG über die Verfassungsbeschwerde einer Rechtsanwältin entschieden, der von den Zivilgerichten untersagt worden war, mit ihren Sporterfolgen zu werben. In ihrer Kanzleibroschüre hat sie darauf hingewiesen, dass sie Mitglied der Nationalmannschaft der DDR und mehrfache DDR-Meisterin in der Rhythmischen Sportgymnastik war. Das BVerfG stellte fest, dass die Freiheit der Berufsausübung nach Art. 12 GG das Recht umfasse, die Öffentlichkeit über erworbene Qualifikationen wahrheitsgemäß und in angemessener Form zu informieren. Im vorliegenden Fall fehlten spezifische berufsbezogene Gemeinwohlgründe, die das Verbot, eine sportliche Qualifikation kundzutun, rechtfertigen könnten. Für die Entscheidung potenzieller Mandanten, welchen Anwalt sie beauftragen, könne es durchaus eine Rolle spielen, welche außerrechtlichen Kenntnisse und Erfahrungen der jeweilige Rechtsberater erworben hat.

F. Internationaler Geltungsbereich des deutschen Wettbewerbsrechts

Deutsches Wettbewerbsrecht erstreckt sich *nur auf das Inland*. Dabei stellt sich allerdings die Frage, ob darauf abzustellen ist, von wo das Unternehmen seine wettbewerbsrelevante Handlung ausübt oder ob entscheidend ist, *wo die unlautere Handlung ihre Wirkung entfaltet*. Die deutsche Rechtsprechung hält letztgenannten Gesichtspunkt für relevant. Maßgeblich ist grundsätzlich der Ort der wettbewerblichen Interessenkollision. Dies ist regelmäßig der Markt, auf dem die Produkte oder Dienstleistungen miteinander konkurrieren. Bei deutschsprachiger Werbung im Internet findet daher deutsches Wettbewerbsrecht Anwendung, egal wo der Server steht.

10. Urheberrecht

A. Grundlagen

Das Urheberrecht ist im „Gesetz über Urheberrechte und verwandte Schutzrechte" (Urheberrechtsgesetz - UrhG) geregelt. Im ersten Teil dieses Gesetzes wird das Urheberrecht (§§ 1 bis 69g) und im zweiten Teil werden die „verwandten Schutzrechte" (§§ 70 bis 87) geregelt. Zu den letztgenannten gehört u.a. der Schutz des Datenbankherstellers.

In § 1: UrhG heißt es: „Die Urheber von Werken der *Literatur*, *Wissenschaft* und *Kunst* genießen für ihre Werke Schutz nach Maßgabe dieses Gesetzes."

Dabei ist die Werkkategorie „Wissenschaft" für den unbefangenen Leser des Gesetzes oftmals irreführend. Anders als man auf den ersten Blick annehmen könnte, umfasst diese keine Handlungsanweisungen, weshalb technische Erfindungen nicht unter das Urheberrechtsgesetz fallen, sondern nur durch das Patent- oder das Gebrauchs-

mustergesetz geschützt werden. Urheberrechtlich schutzfähig ist lediglich die konkrete Darstellung der technischen
Leistung, nicht aber die in der Darstellung verkörperte Idee.

Beispiel: Erfinder Egon reicht eine Patentanmeldung für einen neuartigen
Motor mit einer beigefügten Skizze beim Patentamt ein. Verleger Viktor
will diese Skizze in einem Buch veröffentlichen, Fabrikant Fridolin beab-
sichtigt, den von Egon erfundenen neuartigen Motor nachzubauen. Egon
kann beiden die Verwirklichung ihres Vorhabens untersagen: Gegen
Viktor hat er einen Anspruch nach dem UrhG, gegen Fridolin nach dem
Patentgesetz.

B. Geschützte Werke

In **§ 2 UrhG** sind exemplarisch einige Werke aufgeführt, die
geschützt sind: Schriftwerke, Werke der Musik, der bildenden Künste, Filme, Zeichnungen und Tabellen wissenschaft-
licher oder technischer Art sowie *Computerprogramme*. Das
Urheberrechtsgesetz stellt in § 3 ferner klar, dass auch
Übersetzungen und andere Bearbeitungen eines Werkes,
die persönliche geistige Schöpfungen des Bearbeiters sind,
unbeschadet des Urheberrechts am bearbeiteten Werk wie
selbständige Werke geschützt werden. Ebenfalls geschützt
sind Sammlungen von Werken, Daten oder anderen unab-
hängigen Elementen, die aufgrund der Auswahl oder Anordnung der Elemente eine persönliche geistige Schöpfung
sind, unbeschadet eines an den einzelnen Elementen gegebenenfalls bestehenden Urheberrechts (§ 4 UrhG).

Da *Datenbanken* geschützt sind, dürfen zum Beispiel Ur-
teilssammlungen von Verlagen nicht ohne deren Zustimmung vervielfältigt werden, obwohl der Verlag an den einzelnen Gerichtsurteilen als solchen kein Urheberrechtsschutz
genießt. Auch bei einer im Internet veröffentlichten Sammlung von Hyperlinks, bei der die Daten systematisch und
methodisch geordnet sind und deren Aufbau durch eine
arbeits- und zeitintensive Aufbau- und Pflegephase gekennzeichnet ist, handelt es sich um eine Datenbank im Sinne
des § 4 UrhG.

Die Hersteller von *Tonträgern*, wozu zum Beispiel CDs, Schallplatten und Tonbänder gehören, genießen nach **§ 85 UrhG** einen besonderen Schutz. Obwohl sie keine künstlerische Leistung erbringen, steht ihnen allein das Recht zu, den Tonträger zu vervielfältigen und zu verbreiten. Im Gegenzug müssen sie den Künstler, dessen Darbietung auf dem Tonträger aufgenommen wurde, an der Vergütung beteiligen, die der Hersteller für die öffentliche Aufführung des Tonträgers im Radio oder Fernsehen erhält.

Urheberrechtlich geschützt sind alle Werke, die das Ergebnis geistigen Schaffens sind. Das Urheberrecht stellt *keine qualitativen Anforderungen* an das zu schützende Werk: So ist ein Gemälde eines weltberühmten Malers genauso geschützt wie das eines mäßig talentierten Laienmalers.

Beispiel: Auch Anwaltsschriftsätze fallen als Schriftwerke unter den Urheberrechtsschutz, sofern sie sich von dem mehr oder weniger auf Routine beruhenden Anwaltsschaffen durch Auswahl, Sammlung, Anordnung, Einteilung oder Darstellung des Stoffes deutlich abheben.

C. Verfahren

Das Besondere beim Urheberrecht ist, dass es *ohne formelles Verfahren* entsteht. Wenn Sie ein Buch schreiben, ist dieses urheberrechtlich geschützt, ohne dass Sie irgendwo einen entsprechenden Schutz beantragen müssen. Mit der Schaffung des Werkes entsteht das Urheberrecht. Es gibt demzufolge weder eine Behörde, die sich mit dem Urheberrechtsschutz befasst, noch ein Verzeichnis, in welches die Urheber eingetragen werden können (einzige – und zudem wenig praxisrelevante - Ausnahme: Wer anonym oder unter Pseudonym ein Werk veröffentlicht hat, kann – wenn er eines Tages seine Identität offenbart – seine Urheberschaft in ein beim Deutschen Patent- und Markenamt geführtes Register eintragen lassen, §§ 138 Abs. 1, 66 Abs. 2 UrhG).

Gelegentlich sieht man in Büchern einen Copyright-Vermerk, indem ein Druckwerk mit einem © gekennzeichnet wird. Dieses Zeichen ist nur nach einigen ausländischen Rechtsordnungen für die Entstehung des Urheberschutzes notwendig; bei in Deutschland erscheinenden Werken ist dies ohne Rechtswirkung.

D. Urheber

Urheber eines Werkes ist dessen *Schöpfer* (**§ 7 UrhG**). Der Urheber ist daher stets eine *natürliche Person*; eine GmbH oder eine andere juristische Person kann nicht Urheber sein. Damit stellt sich die Frage, was passiert, wenn jemand im Rahmen seines Arbeitsverhältnisses als Schöpfer urheberrechtlich schützenswerter Werke tätig ist, z.B. ein Zeichner. Das Gesetz hat diese Frage in § 43 UrhG geregelt: Dem Arbeitnehmer steht das Urheberrecht zu, soweit sich aus dem Inhalt oder dem Wesen des Arbeitsverhältnisses nichts anderes ergibt. Im Regelfall steht daher im Arbeitsvertrag explizit, dass alle Nutzungsrechte dem Arbeitgeber zustehen.

Diesbezüglich gibt es eine Besonderheit bei der Erstellung von *Computerprogrammen*: Nach **§ 69b UrhG** ist der Arbeitgeber zur Ausübung aller vermögensrechtlichen Befugnisse an dem Computerprogramm berechtigt, das ein Arbeitnehmer in Wahrnehmung seiner Aufgaben oder nach den Weisungen seines Arbeitgebers geschaffen hat, sofern nichts anderes vereinbart ist. Bei urheberrechtlichen Schöpfungen, die keine Computerprogramme sind, wird also vermutet, dass dem Arbeitnehmer die Früchte seiner Arbeit zustehen; schafft ein Arbeitnehmer dagegen Computerprogramme, so wird vermutet, dass dem Arbeitgeber alle vermögensrechtlichen Befugnisse aus dieser Schöpfung zustehen.

E. Inhalt des Urheberrechts

Das Urheberrecht zielt in zwei Richtungen: Nach **§ 11 UrhG** werden durch dieses Gesetz sowohl die *ideellen* als auch die *materiellen* Interessen des Urhebers geschützt. Man spricht hier vom *Urheberpersönlichkeitsrecht* und vom *Verwertungsrecht des Urhebers*. Das Urheberpersönlichkeitsrecht schützt § 12 UrhG. Danach kann der Urheber entscheiden, ob und wie das Werk zu veröffentlichen ist. Außerdem werden die ideellen Interessen durch § 13 UrhG geschützt: Danach steht dem Urheber das Recht auf Anerkennung der Urheberschaft zu. Nach § 14 UrhG kann der Urheber ferner verbieten, dass sein Werk entstellt oder auf andere Weise beeinträchtigt wird.

Beispiel: Die Deutsche Bahn AG beauftragte das Architekturbüro von Gerkan, Marg und Partner (GMP) mit dem Entwurf des neu zu errichtenden Berliner Hauptbahnhofs. Die Planung sah vor, dass über den beiden Ebenen des Bauwerks Gewölbedecken angebracht werden. Dies wurde von der Bahn AG so auch akzeptiert und war bei Baubeginn 1996 noch so geplant. Um Kosten einzusparen, wurde dann im Jahr 2002 beschlossen, die Gewölbedecken durch Flachdecken zu ersetzen. Diese wurden von einem anderen Architekten geplant und auch so eingebaut. Das Architekturbüro GMP klagte daraufhin auf Entfernung der Flachdecken.
Das LG Berlin gab mit Urteil vom 28.11.2006 – 16 O 240/05 (NZBau 2007, 324 = ZUM 2007, 424) der Klage statt. Die Deutsche Bahn AG muss die Flachdecken wieder entfernen. Den Klägern steht ein Beseitigungsanspruch aus §§ 97, 14, 39 UrhG zu. Der Hauptbahnhof Berlin genießt als Werk der Baukunst den Schutz des § 2 Abs. 1 Nr. 4 UrhG, da er Ausdruck einer individuellen schöpferischen Leistung ist, die das Durchschnittsschaffen eines Architekten bei weitem überragt. Der Einbau einer Flachdecke ist eine Entstellung des von den Klägern entworfenen Architektenwerks i.S.d. § 14 UrhG. Der Urheber hat grundsätzlich ein Recht darauf, dass das von ihm geschaffene Werk der Mit- und Nachwelt in seiner unveränderten individuellen Gestaltung zugänglich gemacht wird. Gleichwohl beinhaltet nicht jede Abweichung vom Entwurf eine urheberrechtlich relevante Beeinträchtigung. Voraussetzung ist vielmehr, dass der Bauherr den Entwurf zuvor genehmigte. Das war nach Ansicht des LG Berlin hier gegeben.

Ferner ist der Urheber wirtschaftlich geschützt. Er hat das ausschließliche Recht, sein Werk zu verwerten (§ 15 UrhG).

Die Verwertung kann durch die Herstellung von Vervielfältigungsstücken erfolgen (§ 16 UrhG), durch Verbreitung
des Originals oder von Vervielfältigungsstücken in der
Öffentlichkeit (§ 17 UrhG) und bei unveröffentlichten Werken
der bildenden Kunst und Fotos durch die Zur-Schau-Stell-
ung (§ 18 UrhG). Bei Computerprogrammen liegt eine
Vervielfältigung schon immer dann vor, wenn das Programm
auf den Arbeitsspeicher eines Computers geladen wird (§
69c Nr. 1 UrhG). Allerdings ist der Käufer eines Computerprogramms nach § 69d UrhG berechtigt, alle Handlungen
vorzunehmen, die zur Nutzung des Computerprogramms
notwendig sind. Dazu zählen auch Handlungen, die für eine
Fehlerberichtigung an dem berechtigterweise genutzten Programm erforderlich sind.

Wer ein von einem anderen stammendes urheberrechtlich
geschütztes Werk nutzen will, muss sich um einen *Lizenz-
vertrag* bemühen, mit welchem ihm vom Urheber Nutzungsrechte eingeräumt werden. Die Beziehungen zwischen dem
Verleger und dem Urheber eines Buches regelt übrigens
nicht das UrhG, sondern ein Spezialgesetz, das *„Gesetz
über das Verlagsrecht"* (VerlG) von 1901. Durch den Ver-
lagsvertrag wird der Verfasser verpflichtet, dem Verleger das
Werk zur Vervielfältigung und Verbreitung für eigene Rechnung zu überlassen. Der Verleger ist verpflichtet, das Werk
zu vervielfältigen und zu verbreiten (§ 1 VerlG). Außerdem
muss er dem Verfasser das vereinbarte Honorar bezahlen
(§ 22 VerlG) und ihm Freiexemplare des Buches überlassen
(§ 25 VerlG).

Das Urheberpersönlichkeitsrecht steht dagegen immer dem
Urheber zu und ist grundsätzlich nicht übertragbar (§ 29
UrhG). Im Zusammenhang mit der Übertragung von Verwer-
tungsrechten relativiert sich dieses Veräußerungsverbot
allerdings. So kann ein Urheber z.B. wirksam einwilligen,
dass sein Werk unter einem fremden Namen erscheint (was
z.B. bei Ghostwritern von Politikern die Praxis ist).

F. Schranken des Urheberrechts

Das Urheberrechtsgesetz gewährt in bestimmten Fällen aber nur einen eingeschränkten Schutz. Nach **§ 48 UrhG** ist die Vervielfältigung und Verbreitung von Reden über Tagesfragen in Zeitungen sowie in Zeitschriften oder anderen Informationsblättern, die im Wesentlichen den Tagesinteressen Rechnung tragen, zulässig, wenn die Reden bei *öffentlichen Versammlungen* oder im Rundfunk gehalten worden sind. Ebenso zulässig ist die Vervielfältigung, Verbreitung und öffentliche Wiedergabe von Reden, die bei öffentlichen Verhandlungen vor staatlichen, kommunalen oder kirchlichen Organen gehalten worden sind. Wenn Sie also im Internet eine Rede verbreiten, die von einem Minister im Deutschen Bundestag gehalten wurde, so ist dies auch ohne Zustimmung des Ministers urheberrechtlich zulässig.

Zulässig ist nach **§ 51 UrhG** ferner die Vervielfältigung, Verbreitung und öffentliche Wiedergabe, wenn in einem durch den Zweck gebotenen Umfang einzelne Stellen eines Werkes *zitiert* werden. In diesem Fall ist jedoch eine *Quellenangabe* notwendig (§ 63 UrhG).

Beispiel: Fritz Feder schreibt ein Buch, das mit folgendem Satz beginnt: „Neulich las ich ein interessantes Buch über Harry Potter, das folgenden Inhalt hatte". Dem folgt die wörtliche Wiedergabe eines vollständigen Harry-Potter-Bandes. Das Buch von Feder schließt mit dem Satz: „Ein interessantes Buch, das mir gut gefallen hat." - Dieses „Zitat" ist vom UrhG nicht gedeckt, da nach § 51 UrhG nur einzelne Stellen eines Werkes zitiert werden dürfen. Die Wiedergabe eines ganzen Werkes ist unzulässig.

Zulässig ist schließlich die Vervielfältigung eines Werkes *zum privaten Gebrauch*. Voraussetzung ist allerdings, dass keine offensichtlich rechtswidrig hergestellte Vorlage verwendet wird (**§ 53 Abs. 1 Satz 1 UrhG**). Das Recht auf Kopien für den Privatgebrauch endet aber dort, wo Kopierschutzmaßnahmen eingesetzt werden: Es ist verboten, den Kopierschutz zu knacken.

Bei nicht kopiergeschützten Werken können nach der Rechtsprechung *bis zu sieben Kopien* eines Werkes für den
privaten Gebrauch gefertigt werden. Allerdings hat diese
Vervielfältigungsbefugnis nach § 53 Abs. 4 UrhG Grenzen:
Die Vervielfältigung grafischer Aufzeichnungen von Werken
der Musik (also Notenblättern) und von Büchern und
Zeitschriften, wenn es sich um eine im Wesentlichen voll-
ständige Vervielfältigung handelt, ist grundsätzlich untersagt. Man darf also nicht ein Buch vollständig kopieren, sondern höchstens einige Kapitel.

Zulässig ist die Vervielfältigung eines gesamten Werks nur
dann, wenn sie durch Abschreiben vorgenommen wird oder
die Einwilligung des Berechtigten vorliegt oder das Verviel-
fältigungsstück in das eigene Archiv aufgenommen werden
soll oder wenn das Werk seit mindestens zwei Jahren ver-
griffen ist.

Das Recht, für private Zwecke Vervielfältigungen zu fertigen,
gilt jedoch nicht für *Computerprogramme* (**§ 69c UrhG**).
Allerdings darf bei Computerprogrammen eine *Sicherungs-
kopie* gefertigt werden (§ 69d Abs. 2 UrhG). Dieses Recht
kann der Hersteller des Programms dem Käufer auch dann
nicht nehmen, wenn im Kaufvertrag ein Kopierverbot vereinbart wurde, denn § 69d UrhG ist zwingendes Recht, das
vertraglichen Vereinbarungen vorgeht.

Eine weitere Beschränkung des Urheberrechts enthält **§ 52a
UrhG**, der durch das Gesetz zur Regelung des Urheberrechts in der Informationsgesellschaft vom 10.9.2003 (BGBl.
I 1774) in das UrhG eingefügt wurde. Danach ist es zulässig,
veröffentlichte kleine Teile eines Werkes, Werke geringen
Umfangs sowie einzelne Beiträge aus Zeitungen oder Zeitschriften zur Veranschaulichung im Unterricht von Schulen,
Hochschulen, nichtgewerblichen Einrichtungen der Aus- und
Weiterbildung sowie an Einrichtungen der Berufsausbildung
ausschließlich für den bestimmt abgegrenzten Kreis von Un-
terrichtsteilnehmern öffentlich zugänglich zu machen.

Beispiel: Ein Hochschullehrer darf Texte aus Zeitschriften in das Intranet der Hochschule einstellen, ohne dass er den Urheber um Erlaubnis fragen muss. Unzulässig wäre es dagegen, solche Texte auf eine jedermann zugängliche Internetseite der Hochschule zu stellen.

G. Verwertungsgesellschaften

Der durch dieses Recht zur Vervielfältigung ohne direkte Gegenleistung entstehende Vermögensverlust für den Urheber wird durch die Verwertungsgesellschaften zumindest teilweise kompensiert. Verwertungsgesellschaften sind vom Staat beaufsichtigte Vereine, die keinen eigenen Gewinn erwirtschaften, sondern alle Einnahmen (derzeit insgesamt über eine Milliarde Euro pro Jahr) nach Abzug ihrer Unkosten an die Berechtigten nach dem Urheberrechtsgesetz ausschütten. Unterteilt nach Geschäftssparten gibt es die
- *GEMA* (Gesellschaft für musikalische Aufführungsrechte),
- *VG Wort* (Verwertungsgesellschaft Wort),
- *VG Bild-Kunst* (Verwertungsgesellschaft Bild-Kunst),
- *GVL* (Gesellschaft zur Verwertung von Leistungsschutzrechten).

Die GEMA nimmt die Rechte der Komponisten, die VG Wort die Rechte der Schriftsteller und Verlage, die VG Bild-Kunst die Rechte der bildenden Künstler, Fotografen und Filmurheber und die GVL die Rechte der Musikproduzenten und Musiker wahr. Das Recht der Verwertungsgesellschaften ist in einem speziellen Gesetz, dem „Gesetz über die Wahrnehmung von Urheberrechten und verwandten Schutzrechten" geregelt. Grundlage ihres Handels ist neben dem Gesetz immer ein Vertrag mit dem Urheber, in welchem der Urheber die Verwertungsgesellschaft mit der *Wahrnehmung seiner Rechte beauftragt.*

Die wirtschaftliche Bedeutung der Verwertungsgesellschaften besteht vor allem darin, dass nach §§ 54, 54a UrhG die Hersteller von Leerkassetten und von Geräten, die zur Herstellung von Vervielfältigungen für den privaten Gebrauch dienen können, *Geräteabgaben* zahlen müssen.

Diese Geräteabgaben sind an die Verwertungsgesellschaften abzuführen, welche sie nach Abzug ihrer Unkosten an die Urheber ausschütten.

So ist z.B. für jedes Kopiergerät, das in Deutschland hergestellt beziehungsweise nach Deutschland eingeführt wird, an die VG Wort eine Geräteabgabe zu zahlen. Die VG Wort macht dann eine jährliche Ausschüttung, wobei sie die Beträge danach staffelt, welchen Umfang die Publikationen des einzelnen Autors hatten.

Geräteabgaben werden auch auf CD-Brenner und auf Scanner erhoben. Die GEMA nimmt darüber hinaus *Aufführungsrechte für öffentliche Musikdarbietungen* wahr. Komponisten übertragen der GEMA durch entsprechende Verträge das Recht zur Wahrnehmung aller ihnen zustehenden Urheberrechte, wozu insbesondere das Recht zur öffentlichen Aufführung des Musikwerks gehört. Die GEMA ist daher auch dann zuständig, wenn Musik über das Internet ausgestrahlt wird.

H. Schutzdauer

Das Urheberrecht erlischt *70 Jahre* nach dem Tod des Urhebers (**§ 64 UrhG**). Steht das Urheberrecht mehreren Miturhebern zu, so erlischt es 70 Jahre nach dem Tod des längstlebenden Miturhebers. Von diesem Grundsatz gibt es zwei Ausnahmen: die Rechte an einem Tonträger erlöschen 50 Jahre nach Erscheinen des Tonträgers (§ 85 Abs. 2 UrhG) und die Rechte an einer Datenbank erlöschen nach § 87d UrhG sogar schon 15 Jahre nach der Veröffentlichung der Datenbank.

Vom Erlöschen des Urheberrechts ist die Verjährung der Ansprüche nach dem UrhG zu unterscheiden: Die *Verjährungsfrist* ist in § 102 UrhG geregelt, der auf die §§ 194 bis 218 BGB verweist.

Danach beträgt die Verjährungsfrist *drei Jahre* (§ 195 BGB) und beginnt mit Schluss des Jahres, in dem der Anspruch entstanden ist und der Gläubiger von den den Anspruch begründenden Umständen und der Person des Schuldners Kenntnis erlangt oder ohne grobe Fahrlässigkeit erlangen müsste (§ 199 BGB). Wer also vor 20 Jahren ein Buch geschrieben hat und seit fünf Jahren weiß, dass es von einem ihm bekannten Nichtberechtigten vor sechs Jahren kopiert wurde, dem steht zwar grundsätzlich noch ein Anspruch nach dem UrhG zu, hinsichtlich der konkreten Rechtsverletzung sind seine Schadenersatzansprüche aber verjährt.

I. Folgen bei Rechtsverletzungen

Das Urheberrecht ist zum einen *zivilrechtlich* nach **§ 97 Abs. 1 UrhG** geschützt. Danach steht dem in seinen Rechten verletzten Urheber ein Anspruch auf Beseitigung der Rechtsbeeinträchtigung zu. Fällt dem Rechtsverletzer Vorsatz oder Fahrlässigkeit zur Last, kann er auch auf *Schadenersatz* in Anspruch genommen werden. Vorsatz liegt bei einer bewussten Verletzung des Urheberrechts vor; Fahrlässigkeit bejaht die Rechtsprechung immer schon dann, wenn der Rechtsverletzer sich nicht mit größter Sorgfalt über die Sach- und Rechtslage unterrichtet hat.

Der Schadenersatz besteht in der Regel aus dem entgangenen Gewinn des Urhebers; der Urheber kann also die übliche Lizenzgebühr verlangen, die der Verletzer hätte zahlen müssen, wenn er sich um eine Lizenz bemüht hätte. Der Urheber kann aber auch verlangen, dass der andere den durch die Urheberrechtsverletzung erzielten Gewinn herausgibt.

Das Urheberrecht ist jedoch nicht nur nach dem Zivilrecht geschützt, es genießt auch *strafrechtlichen Schutz*. Gemäß **§ 106 UrhG** wird mit Freiheitsstrafe bis zu drei Jahren oder mit Geldstrafe bestraft, wer in anderen als den gesetzlich zugelassenen Fällen ohne Einwilligung des Berechtigten ein Werk oder eine Bearbeitung oder Umgestaltung eines Werkes vervielfältigt, verbreitet oder öffentlich wiedergibt. Schon der bloße Versuch einer solchen Tat ist strafbar. Handelt der Täter gewerbsmäßig, so ist die Strafe nach § 108a UrhG Freiheitsstrafe bis zu fünf Jahren oder Geldstrafe.

J. Internationaler Schutz

Der internationale Anwendungsbereich des deutschen Urheberrechtsgesetzes ist auf den ersten Blick weit gefasst: Nach **§ 120 Abs. 1 Satz 1 UrhG** genießen deutsche Staatsangehörige den urheberrechtlichen Schutz für alle ihre Werke, gleichviel, ob und wo die Werke erschienen sind. Diese Vorschrift kommt aber nur zur Anwendung, wenn deutsche Gerichte über einen Streitfall zu befinden haben. Entscheidend für den internationalen Urheberrechtsschutz ist daher die Frage, welches Gericht zuständig ist. Diese Frage wird innerhalb der Europäischen Gemeinschaft durch die EG-Gerichtsstands- und Vollstreckungsverordnung Nr. 44/2001 (EuGVVO) geregelt. Nach Art. 5 EuGVVO sind die Gerichte am *Ort der Verletzung* zuständig, jedoch nur für den im Schutzland entstandenen Schaden. Soll der gesamte, alle Staaten betreffende Schaden geltend gemacht werden, muss am *Wohnsitz des Verletzers prozessiert* werden (Art. 2 Abs. 1 EuGVVO).

Ist ein Gericht eines ausländischen Staates zuständig, entscheidet dieses nach dem Recht dieses Staates. Dieses Recht ist damit auch für die Frage heranzuziehen, ob das Urheberrecht wirksam entstanden ist. Bei Darstellungen im Internet, die in einer Vielzahl von Staaten heruntergeladen werden, führt dies zur Anwendung einer Vielzahl verschiedener staatlicher Rechte auf einen Sachverhalt.

In diesem Zusammenhang ist auch der oben erwähnte *Copyright-Vermerk* durch das im Buch angebrachte Zeichen © von Bedeutung. Durch das Welturheberrechtsabkommen i.d.F. vom 6.9.1952 (BGBl. 1955 II 102, revidiert am 24.7.1971, BGBl. 1973 II 1111), einem völkerrechtlichen Vertrag, dem neben der Bundesrepublik Deutschland (vgl. BGBl. 1973 II 1309) über 70 Staaten beigetreten sind, sollen die Rechte der Urheber international gestärkt werden. Verlangt ein Vertragsstaat als Voraussetzung für den Urheberrechtsschutz die Erfüllung bestimmter Förmlichkeiten, so hat er diese als erfüllt anzusehen, wenn alle ausländischen Werkstücke von der ersten Veröffentlichung an den Copyrightvermerk tragen.

K. Recht am eigenen Bild

Nicht im Urheberrechtsgesetz, sondern im „Gesetz betreffend das Urheberrecht an Werken der bildenden Künste und der Photographie" (KUG) vom 9.1.1907 (RGBl. 1907, 7) ist das Recht am eigenen Bild geschützt. Nach § 22 KUG dürfen Bildnisse nur mit Einwilligung des Abgebildeten verbreitet oder öffentlich zur Schau gestellt werden. Wer also ein Nacktphoto seiner Ex-Freundin oder seines Ex-Freundes ohne deren bzw. dessen Einwilligung ins Internet stellt, macht sich nach § 33 KUG strafbar.

Ohne die Einwilligung des Betroffenen veröffentlicht werden dürfen nur Bildnisse aus dem Bereich der Zeitgeschichte (also das Photo der Bundeskanzlerin), Bilder, auf denen die Personen nur als Beiwerk neben einer Landschaft oder sonstigen Örtlichkeit erscheinen und Bilder von Versammlungen, Aufzügen und ähnlichen Vorgängen, an denen die dargestellten Personen teilgenommen haben (§ 23 KUG). Zudem ist zu beachten, dass der Schutz des Abgebildeten nach § 22 Satz 3 KUG zehn Jahre nach seinem Tod endet.

11. Übersicht: Regelungsgegenstand der einzelnen Gesetze und Notwendigkeit eines Anmeldeverfahrens

Schutzgesetz	Schutzgegenstand	Verfahren
PatentG (PatG)	Erfindung	ja, DPMA
GebrauchsmusterG (GebrMG)	Erfindung	ja, DPMA
Halbleiterschutz (HalbleiterschutzG)	Halbleitererzeugnisse	ja, DPMA
Sortenschutz (SortenschutzG)	Pflanzensorten	ja, Bundessortenamt
GeschmacksmusterG (GeschmMG)	ästhetische Darstellung	ja, DPMA
Marken (MarkenG)	eingetragene Marke nicht eingetragene Marke geschäftliche Bezeichnung geographische Herkunftsangabe	ja, DPMA nein nein eventuell
UrheberrechtsG (UrhG)	schöpferische Werke - Leistungen auf kulturellem Gebiet	nein
Gesetz gegen den unlauteren Wettbewerb (UWG)	Schutz sonstiger Geistesgüter	nein

12. Literatur zur Vertiefung

A. Internetadressen

Eine kurze, dafür aber stets aktuelle Einführung zum Gewerblichen Rechtsschutz findet sich auf der Internet-Seite des DPMA unter www.dpma.de. Interessante und ausführliche Informationen über die wichtigsten jüngst entschiedenen Fälle des Bundespatentgerichts lassen sich dessen Tätigkeitsbericht entnehmen, der unter www.bpatg.de zu finden ist.

Hinweise auf aktuelle Entscheidungen und Entwicklungen im Bereich des Gewerblichen Rechtsschutzes enthalten die Internetseiten der Zeitschrift „WRP" unter www.wrp.de und der Zeitschrift „GRUR" unter rsw.beck.de/rsw/shop/default.asp?site=grur. Solche Datenbanken werden von Professoren gern als „Quelle der Inspiration" bei der Ausarbeitung von Klausuren genutzt.

Weitere Internetadressen:

Bundessortenamt: **www.bundessortenamt.de**
Europäisches Patentamt: **www.european-patent-office.org**
Gemeinschaftliches Sortenschutzamt: **www.cpvo.europa.eu**
Harmonisierungsamt für den Binnenmarkt: **www.oami.europa.eu**
Patentanwaltskammer: **www.patentanwalt.de**
World Intellectual Property Organization: **www.wipo.int**

B. Bücher
Allgemein zum Gewerblichen Rechtsschutz

Bayreuther, Fälle zum Urheberrecht und Gewerblichen Rechtsschutz, 2002, Beck München (20 anspruchsvolle Fälle; für Jurastudenten mit Wahlpflichtfach Gewerblicher Rechtsschutz geeignet; Neuauflage in Vorbereitung).

Chrocziel, Einführung in den Gewerblichen Rechtsschutz und das Urheberrecht, 2. Aufl. 2002, Beck München (Einführung, leider ohne Beispielsfälle).

Eisenmann/Jautz, Grundriss Gewerblicher Rechtsschutz und Urheberrecht, 6. Aufl. 2006, C.F.Müller Heidelberg (Einführung mit 55 kurzen Übungsfällen).

Ensthaler, Gewerblicher Rechtsschutz und Urheberrecht, 2. Aufl. 2003, Springer Heidelberg (sehr theoretisch, für Anfänger und Nicht-Juristen wenig geeignet).

Gleiss, Gewerblicher Rechtsschutz, 2002, DeutscherAnwaltVerlag Bonn (wendet sich in erster Linie an Praktiker; das Wettbewerbsrecht wird nicht behandelt).

Götting, Gewerblicher Rechtsschutz, 8. Aufl. 2007, Beck München (umfassendes Standardwerk, früher unter dem Verfassernamen Hubmann erschienen).

Ilzhöfer, Patent-, Marken- und Urheberrecht. Leitfaden für Ausbildung und Praxis, 7. Aufl. 2007, Vahlen Verlag München (verständliche Einführung).

Zum Patent-, Gebrauchsmuster- und Sortenschutzrecht

Brändel, Technische Schutzrechte, 1995, Recht und Wirtschaft Heidelberg (anschauliche Einführung in das Patent- und Gebrauchsmusterrecht).

Jestaedt, Patentrecht. Ein fallbezogenes Lehrbuch, 2005, Carl Heymanns Köln (trotz des Titels eher ein Nachschlagewerk für den Praktiker; der „Fallbezug" beschränkt sich auf die wörtliche Wiedergabe von BGH-Entscheidungen).

Nirk/Ullmann, Patent-, Gebrauchsmuster- und Sortenschutzrecht, 3. Aufl. 2007, C.F.Müller Heidelberg (enthält eine ausführliche Darstellung des Sortenschutzrechts).

Osterrieth, Patentrecht, 3. Aufl. 2007, Beck München (recht übersichtliche Einführung in das Patent- und Gebrauchsmusterrecht).

Zum Marken- und Wettbewerbsrecht

Berlit, Markenrecht, 6. Aufl. 2005, Beck München (Leitfaden zum Markenrecht, der sich an Praktiker wendet, aber durchaus auch für fleißige Studenten geeignet ist).

Müglich, Wettbewerbsrecht, 2007, Niederle Media Altenberge (didaktisch gelungene Einführung in das Wettbewerbsrecht, die auch Querverweise zum Markenrecht enthält).

Nordemann, Wettbewerbs- und Markenrecht, 10. Aufl. 2004, Nomos Baden-Baden (umfangreiches Lehrbuch und Nachschlagewerk, das auch vier Musterklausuren mit Lösungen enthält. Am Schluss des Buches findet sich eine Auflistung von wichtigen Urteilen mit allen Fundstellen. Dies ist besonders bei älteren Urteilen, die nicht im Internet zu finden sind, eine nützliche Arbeitshilfe).

Zum Urheberrecht

Rehbinder, Urheberrecht. Ein Studienbuch, 14. Aufl. 2006, Beck München (umfangreiches Lehrbuch).

Schack, Urheber- und Urhebervertragsrecht, 3. Aufl. 2005, Mohr Tübingen (umfangreiches Werk mit wissenschaftlichem Anspruch).

13. Übungsfälle mit Lösungen

A. Übungsfälle

Fall 1: Unternehmer Fritz Findig möchte „Fliegentot" als Marke für ein neues Insektenvernichtungsmittel beim DPMA anmelden. Er hat festgestellt, dass es diese Marke noch nicht gibt. Wird er mit seiner Anmeldung Erfolg haben?

Fall 2: Carl Clever ist Inhaber der Domain „Kurt-Biedenkopf.de", auf der er Reisen in die Toscana anbietet. Kann der ehemalige sächsische Ministerpräsident Kurt Biedenkopf von ihm die Herausgabe der Domain verlangen, auch wenn er den Begriff „Kurt Biedenkopf" nicht als Marke angemeldet hat?

Fall 3: Willy hat für Wintersportartikel die Marke „Salomon" eingetragen, die 1999 angemeldet wurde; Zensi hat für Zigaretten die Marke „Salomon" eingetragen, die 2003 angemeldet wurde. Willy möchte nun erreichen, dass Zensi ihre Marke löschen lässt. Hat er Erfolgsaussichten, wenn der Bekanntheitsgrad seiner Marke bei Sportlern 20% beträgt?

Fall 4: Erfinder Egon hat eine neuartige Maschine zur Reinigung von Zahnprothesen erfunden. Er will diese Erfindung schützen lassen. Welche Gesetze kommen dafür in Betracht? Sagen Sie stichwortartig, wodurch diese Gesetze sich unterscheiden.
Ferner hat sich Egon einen Werbetext für seine Maschine ausgedacht. Der Werbetext lautet: „Egons toller Zauber-Besen putzt auch deine Zahnprothesen." Wenn Sie prüfen sollen, ob dieser Spruch geschützt ist bzw. geschützt werden kann, welche Gesetze würden Sie dabei einer näheren Prüfung unterziehen?

Mit der Gestaltung der Zahnputzmaschine hat Egon einen berühmten Designer beauftragt. Wenn dieser ein außergewöhnliches Design geschaffen hat, nach welchen Gesetzen könnte dieses geschützt werden?

Fall 5: Die Besovsky Bräu AG möchte die neue Bier-Marke „Bieeer" beim DPMA als Marke eintragen lassen. Wird sie damit erfolgreich sein? Begründen Sie ihre Auffassung.

Fall 6: Student Sebastian will eine private Schule gründen und diese „AGA AGA" nennen. Er stellt fest, dass eine Marke „AGA AGA" bereits 1994 für Leder und Lederimitationen zugunsten der Leder Laden GmbH ins Markenregister eingetragen wurde. Kann Sebastian die Marke nutzen, ohne dass die Leder Laden GmbH ihm das untersagen kann? Begründen Sie bitte ihre Auffassung.

Fall 7: Die europaweit tätige Hotel-Kette „Best Western" hat ihren Namen als Marke eintragen lassen. Ein Verbund von Hotels in den neuen Bundesländern will sich „Best Eastern" nennen. Sehen Sie hier rechtliche Probleme? Könnte Best Western die Führung dieses Namens untersagen?

Fall 8: Sepp Schlaumann hat 1999 zahlreiche Inselnamen als Marken für Automobile beim DPMA eintragen lassen, weil ein Student, der bei VW ein Praktikum gemacht hat, behauptet hatte, dass VW ab 2007 zahlreiche neue Modelle auf den Markt bringen und diesen Inselnamen geben wolle. Sepp Schlaumann will dann diese Marken an VW verkaufen. Denken Sie, dass dies unter rechtlichen Aspekten eine tolle Geschäftsidee ist?

Fall 9: Die Rülpswasser AG wirbt in Tageszeitungen für ihr in Norddeutschland hergestelltes Mineralwasser mit dem Spruch „Ein Champagner unter den Mineralwässern". In der Werbung ist gut erkennbar ein Hinweis auf den norddeutschen Abfüllungsort angebracht. Könnte diese Werbung unter rechtlichen Gesichtspunkten problematisch sein?

(Bearbeitungshinweis: Das Deutsch-französische Abkommen v. 8.3.1960 über den Schutz von Herkunftsangaben und Ursprungsbezeichnungen sowie das UWG sind nicht zu erörtern.)

Fall 10: Versicherungsmakler Viktor Flegel schickt zahlreichen Personen unaufgefordert E-mails, in denen er für seine Versicherungen wirbt. Die Adressen entnimmt er Internet-Gästebüchern. Der Betreff der E-mails lautet immer: „Viele Grüße". Ist diese Vorgehensweise zulässig? Welches Gesetz ist hier für die Zulässigkeitsprüfung relevant?

Fall 11: Wird das DPMA dem Antrag eines Anmelders stattgeben, der eine signalrote Farbe als Marke für Feuerlöscher eingetragen haben will?

Fall 12: Die Holzbau AG stellt Häuser in Holzrahmen-Bauweise her und vertreibt sie in Sachsen. Vor einem ihrer Musterhäuser in Leipzig steht ein Schild: >>Die „Steinzeit" ist vorbei! Sie sparen mit einem Holzhaus 12% Heizkosten gegenüber einem herkömmlichen Haus.<<
Ein Konkurrent, der in Leipzig Häuser in herkömmlicher Steinbauweise vertreibt, möchte gegen dieses Schild rechtlich vorgehen. Wird er damit Erfolg haben, wenn die Angabe hinsichtlich der Heizkosten zutrifft? Bitte begründen Sie Ihre Auffassung.

Fall 13: Der NDR produziert seit 1954 die „Tagesschau" und seit 1978 die „Tagesthemen". Beide Begriffe hat er sich auch als Marke schützen lassen. Ende der achtziger Jahre nennen private Sender ihre Nachrichtensendungen „Tagesreport" und „Tagesbild". Hat der NDR die Möglichkeit, diesen Sendern die Nutzung dieser Bezeichnungen zu untersagen? Nennen Sie mögliche Anspruchsgrundlagen und prüfen Sie, ob diese hier einen Untersagungsanspruch gewähren.

Fall 14: Die „Kohlenhandel Zwickau KG", ein Kleinstbetrieb mit 130.000 Euro Jahresumsatz, ist Inhaberin der Domain „www.zwickau.de", auf der sie für ihr Unternehmen wirbt. Kann die Stadt Zwickau in Sachsen, die etwa 100.000 Einwohner hat, von ihr die Herausgabe der Domain verlangen? Nennen Sie alle Argumente, die für die eine oder die andere Position sprechen.

Fall 15: Rechtsanwalt Rudi Ratlos möchte den Begriff „Rechtsberatung" als Marke für Dienstleistungen und als Internet-Domain-Name bekommen, denn er hat festgestellt, dass dieser weder vom DPMA noch von der DENIC eG bislang vergeben wurde. Werden seine beiden Anträge Erfolg haben und wenn ja, was hat er ggf. zu beachten?

Fall 16: Die Paul Puma AG, ein bekannter Parfumhersteller, bringt ein Duftwasser unter der Bezeichnung „Christus" auf den Markt. Der Duft ist sehr ungewöhnlich, denn das Wasser besteht aus einer Mischung von Weihrauch, Lavendel und Moschus. Die Flasche, in der das Produkt vertrieben wird, ist in ihrer Form dem Petersdom in Rom nachempfunden. Die AG will die Bezeichnung, die Duftzusammensetzung und die Flaschenform als Marke schützen lassen. Wird sie mit ihrem Antrag Erfolg haben?

Ein kleineres Konkurrenzunternehmen, die Axel X. Schweiss GmbH, bringt unter der Bezeichnung „Paul Puma" ein anders riechendes Duftwasser auf den Markt. Unter dieser Bezeichnung steht auf der Flasche in größeren Buchstaben „Axel X. Schweiss". Kann die Paul Puma AG gegen die Verwendung der Bezeichnung „Paul Puma" vorgehen?

Abwandlung:
Falls die Duftzusammensetzung nicht nach dem MarkenG geschützt werden kann, könnte die Paul Puma AG dann aufgrund anderer Gesetze gegen Nachahmer vorgehen, die einen identischen Duft auf den Markt bringen?

Fall 17: Auf RTL lief die erfolgreiche Sendung „Ich bin ein Star – holt mich hier raus". Kurz darauf startet ein Kölner Radiosender die Sendereihe „Ich bin ein Studi – prüft mich hier raus", die ähnlich wie die RTL-Sendung aufgebaut ist.

Als Gäste wirken 10 Studierende der Universität Köln mit. Die Studierenden müssen extrem schwierige Klausuren schreiben, ihre Lösungen werden im Radio vorgelesen und die Zuhörer dürfen entscheiden, wer durchfällt. Kann hier RTL gegen den Sendetitel und die Nachahmung der Spielidee vorgehen? Welches sind die Anspruchsgrundlagen?

Fall 18: Frau Mercedes Mehlmann ist Bäckerin und verkauft unter der Bezeichnung „Mercedes-Stollen" Butterstollen. Die DaimlerChrysler AG, die „Mercedes" als Marke für Fahrzeuge im Markenregister registrieren ließ, will Frau Mehlmann die Nutzung der Bezeichnung „Mercedes" untersagen. Sie macht geltend, dass aufgrund von Gerichtsverfahren bekannt sei, dass Frau Mehlmann mehrfach ranzige Butter für ihre Stollen verwendet habe und dadurch die Bezeichnung Mercedes ihren Imagewert verliere. Steht der Daimler-Chrysler AG tatsächlich ein Unterlassungsanspruch zu?

Fall 19: Die Deutsche Telekom AG stellt fest, dass ein Konkurrenzunternehmen die Telefonbücher der Telekom eingescannt hat und jetzt als CD-ROM auf den Markt bringt. Kann die Telekom dem Konkurrenzunternehmen dies untersagen? Begründen Sie bitte Ihre Antwort.

Fall 20: Die Besovsky Brau AG wirbt in der Presse für ihr Bier mit dem Spruch: „Mit Besovsky Bier helfen Sie durstigen Kindern in der Sahara. Vom Verkaufspreis jedes Kasten Biers kommt 1 Euro direkt einem durstigen Kind in Afrika zugute." Die Besovsky Brau AG kann nachweisen, dass sie tatsächlich seit Beginn der Werbekampagne Geld in der genannten Höhe gespendet hat. Ein Konkurrenzunternehmen der Besovsky Brau AG bittet Sie zu untersuchen, ob es Aussicht auf Erfolg hat, der Besovsky Brau AG die Fortführung der Kampagne gerichtlich verbieten zu lassen. Erörtern Sie diese Frage. Nehmen Sie ferner dazu Stellung, was die Besovsky Brau AG unternehmen sollte, damit die Werbung rechtssicher ist.

Fall 21: Ein junger Autor hat gerade sein Manuskript voll-endet und möchte von Ihnen wissen, wo er sein Werk an-melden muss, damit es geschützt ist. Ferner interessiert ihn, ob er dagegen vorgehen kann, dass Leute sein Buch nicht kaufen, sondern die interessantesten Geschichten aus dem Buch nur kopieren, um sie zu lesen, und – falls er nicht dagegen vorgehen kann – ob er dafür irgendwie entschädigt wird. Wie ist die Rechtslage?

Fall 22: In einer Werbeanzeige für einen Whiskey sieht man im Hintergrund gut sichtbar einen Rolls Royce mit seiner markenrechtlich geschützten Kühlerfigur. Kann Rolls Royce gegen die Whiskey-Werbung vorgehen?

Fall 23: Im Jahr 2006 wurde höchstrichterlich entschieden, dass die vom DPMA zugunsten der FIFA eingetragene Marke „Fußball WM 2006" mangels Unterscheidungskraft nicht markenfähig ist. Der Betreiber des Löschungsver-fahrens, der Süßwarenhersteller Ferrero, beklagte sich, dass die Freigabe der Marke aufgrund der langen Verfahrens-dauer erst kurz vor der WM erfolgte und daher wirtschaftlich kaum noch relevant war.
Nennen Sie die Institutionen/Gerichte, vor denen die Frage der Markenfähigkeit eines Begriffs zu klären ist, in der Reihenfolge, wie das Verfahren abläuft, wenn derjenige, der die Marke gelöscht haben will, das Verfahren wählt, bei dem das Kostenrisiko am geringsten ist. Dabei ist davon aus-zugehen, dass es bei dem Markenrechtsstreit um eine grundsätzliche Rechtsfrage geht.

Fall 24: Bäckermeister Blähmann aus Berlin wirbt auf Pla-katen in ganz Berlin für seine Brötchen mit dem Spruch: „Jedes fünfte Brötchen gratis." Wenn man vier Brötchen kauft und dann ein fünftes Brötchen gratis möchte, erklärt das Verkaufspersonal, dass dies nur für diejenigen Kunden gelte, die an dem betreffenden Tag Geburtstag hätten. Auf dem Werbeplakat findet sich aber kein Hinweis auf diese Einschränkung.

Herr Blähmann erhält vier Abmahnungen, die ihm einen Wettbewerbsverstoß vorwerfen und für diesen Hinweis eine Abmahngebühr von 50 Euro für ihre Kosten verlangen. Die Briefe stammen von
- Izmir Murad, dem Betreiber einer Dönerbude in Dortmund;
- einem Verband zur Förderung des Handelsgewerbes in Berlin;
- einem Bäcker aus Berlin;
- einem Mann, der oft bei Bäcker Blähmann Brötchen kauft.
Wem muss Bäcker Blähmann auf keinen Fall die Abmahngebühr bezahlen? Was sollte er prüfen, wenn er diese Gebühr keinem der Briefschreiber bezahlen will?

B. Lösungen

Fall 1: „Fliegentot" als Marke für ein Insektenvernichtungsmittel hat beschreibenden Charakter. Das Freihaltebedürfnis nach § 8 Abs. 2 Nr. 2 MarkenG steht daher einer Markeneintragung entgegen.

Fall 2: Ein Anspruch nach dem MarkenG besteht nicht, da Kurt Biedenkopf seinen Namen weder in das Markenregister eintragen ließ noch als Marke benutzt. Kurt Biedenkopf steht aber ein Anspruch aus § 12 BGB zu. Carl Clever nutzt den Namen unbefugt. Durch die Benutzung des Namens werden die Interessen des Berechtigten verletzt.

Fall 3: Ein Anspruch nach § 9 Abs. 1 Nr. 1 oder 2 MarkenG besteht nicht, da es sich um zwei unterschiedliche Waren handelt. Auch auf § 9 Abs. 1 Nr. 3 MarkenG kann der Löschungsanspruch nicht gestützt werden, da eine Marke bei 20% Bekanntheitsgrad noch keine bekannte Marke ist. Selbst wenn das Kriterium der Bekanntheit erfüllt wäre, würde es an dem Tatbestandsmerkmal der unlauteren Ausnutzung fehlen, da beide Produkte ganz unterschiedliche Zielgruppen (Sportler/Raucher) haben. Ein Löschungsantrag hätte somit keine Aussicht auf Erfolg (vgl. BGH, Urt. v. 29.11.1990, I ZR 13/89, WRP 1991, 228=GRUR 1991, 465).

Fall 4:

a) Erfindung

Die Erfindung kann nach dem GebrauchsmusterG und, wenn sie auf einer erfinderischen Tätigkeit beruht, auch nach dem PatG geschützt werden.

Patent	Gebrauchsmuster
maximale Schutzdauer 20 Jahre	max. Schutzdauer 10 Jahre
materielle Prüfung durch das DPMA	keine materielle Prüfung durch das DPMA
höhere Anforderungen an die Erfindung	geringere Anforderungen an die Erfindung
auch für Verfahren	nicht für Verfahren
guter Schutz im Verletzungsprozess, da das LG an die Patentschrift gebunden ist	im Verletzungsprozess muss das Schutzrecht jedes Mal nachgewiesen werden
zeitaufwendig und teuer	schnell und günstig

b) Werbetext

Der Werbetext kann nach dem MarkenG geschützt werden, da er eine gewisse Originalität und Prägnanz besitzt und zudem einen unterscheidungskräftigen Bestandteil (= „Egon") enthält. Theoretisch kommt auch ein Schutz nach dem UrhG in Betracht; die dafür notwendige schöpferische Leistung wird man hier aber verneinen müssen.

c) Gestaltung

Die besondere Formgestaltung kann nach dem GeschmMG geschützt werden; zu denken ist hier auch an einen Schutz nach dem UrhG und dem MarkenG.

Fall 5: Hier könnte ein Freihaltebedürfnis nach § 8 Abs. 2 Nr. 2 MarkenG einer Markeneintragung entgegenstehen, da die Marke sich an den Gattungsbegriff „Bier" anlehnt. Sind die Abweichungen einer Marke zum Gattungsbegriff nur geringfügig, so dass ein beachtlicher Teil der beteiligten Verkehrskreise (= potenzielle Händler und Verbraucher) sie nicht bemerken oder, wenn sie bemerkt werden, sie nur für einen Wiedergabefehler halten, so ist eine Markeneintragung nach § 8 Abs. 2 Nr. 2 MarkenG nicht möglich. Hier wurde jedoch nicht nur ein Buchstabe eingefügt, sondern gleich zwei „e". Daher ist die Marke eintragungsfähig.

Fall 6: Hier handelt es sich um zwei identische Marken, die aber für gänzlich verschiedene Bereiche (Ware/Dienstleistung) verwendet werden. Ein Unterlassungsanspruch des Markeninhabers nach § 14 Abs. 2 Nr. 1 und 2 MarkenG scheidet daher aus. Da AGA AGA keine bekannte Marke ist, greift auch der Ausnahmetatbestand des § 14 Abs. 2 Nr. 3 MarkenG nicht. Somit kann die Leder Laden GmbH Sebastian die Nutzung der Marke nicht untersagen.

Fall 7: Beide Hotelverbünde erbringen identische Dienstleistungen. Die beiden Marken sind ähnlich, da zwischen „Western" und „Eastern" eine sprachliche und inhaltliche Nähe besteht. Hinzu kommt, dass „Best Western" eine relativ bekannte Marke ist, deren Inhaber daher verlangen kann, dass der Abstand der von der Konkurrenz verwendeten Kennzeichen zu seiner Marke relativ groß sein muss. Wegen der durch die Ähnlichkeit der Marken entstandenen Verwechslungsgefahr hat Best Western somit einen Unterlassungsanspruch nach § 14 Abs. 2 Nr. 2 und Abs. 3 MarkenG.

Fall 8: Diese Geschäftsidee hat den Nachteil, dass nach § 49 Abs. 1 MarkenG eine Marke auf Antrag eines Dritten vom DPMA gelöscht wird, wenn sie nach dem Tag der Eintragung innerhalb eines ununterbrochenen Zeitraums von fünf Jahren nicht ernsthaft benutzt worden ist. Da Schlaumann seine Marken nicht nutzt, könnte VW die Löschung der Marken erreichen und Schlaumann würde damit alle seine Rechte an diesen Markennamen verlieren.

Fall 9: „Champagne" ist eine geographische Herkunftsangabe, die einen besonderen Ruf genießt. Sie darf nach § 127 Abs. 3 MarkenG daher im geschäftlichen Verkehr für Waren oder Dienstleistungen anderer Herkunft auch dann nicht benutzt werden, wenn eine Gefahr der Irreführung über die geographische Herkunft nicht besteht, sofern die Benutzung für Waren oder Dienstleistungen geeignet ist, den Ruf der geographischen Herkunftsangabe oder ihre Unterscheidungskraft ohne rechtfertigenden Grund in unlauterer Weise auszunutzen oder zu beeinträchtigen. Hier wurde bewusst versucht, das Prestige des Champagners auf das Mineralwasser zu übertragen. Der Rülpswasser AG kann die weitere Nutzung dieser Bezeichnung daher nach §§ 128, 127 MarkenG untersagt werden.

Fall 10: Diese Verhaltensweise verstößt gegen § 7 Abs. 2 Nr. 3 UWG und gegen § 4 Nr. 3 UWG.

Fall 11: Farbenmarken können zwar grundsätzlich in das Markenregister eingetragen werden, denn sie werden in § 3 Abs. 1 MarkenG ausdrücklich erwähnt. Da Farben nach einem Farbklassifizierungssystem, dem RAL (Reichsausschuss für Lieferbedingungen; das RAL-System wurde 1911 eingeführt) klassifiziert sind, lassen sie sich dauerhaft graphisch darstellen, so dass § 8 Abs. 1 MarkenG keine Probleme bereitet.

Hier soll aber eine Farbe eingetragen werden, die eine typische Farbe für Feuerlöschgeräte ist und daher beschreibenden Charakter hat. Das Freihaltebedürfnis nach § 8 Abs. 2 Nr. 2 MarkenG steht somit einer Markeneintragung entgegen.

Fall 12: Die Werbung wäre nach § 6 Abs. 2 Nr. 5 UWG unzulässig, wenn sie die Konkurrenten im Rahmen einer vergleichenden Werbung pauschal herabsetzen würde. Die
Werbeaussage hat aber keinen konkreten Bezug zu Mit-
bewerbern. Im Hinblick auf die große Zahl von Anbietern
entsprechender Leistungen auf dem Bausektor kann daher
nicht von einer Werbung ausgegangen werden, die die betroffenen Mitbewerber erkennbar macht.

Die Werbung könnte jedoch unter die Generalklausel des
§ 3 UWG fallen. Dies wäre gegeben, wenn zu den mit jedem
Werbevergleich verbundenen (negativen) Wirkungen für die
Konkurrenz besondere Umstände hinzutreten würden, die
den Vergleich in unangemessener Weise abfällig, abwer-
tend oder unsachlich erscheinen lassen. Doch bereits der in
dem Werbesatz enthaltene Sprachwitz spricht gegen die Annahme, dass der verständige Verbraucher den Slogan überhaupt im Sinne einer Sachaussage ernst nimmt. Eine Unterlassungsklage hätte daher keinen Erfolg (BGH, Urt.v.
25.4.2001 – I ZR 272/99, NJW 2002, 3399).

Fall 13: Der NDR könnte einen Unterlassungsanspruch
nach §§ 5 Abs. 3, 15 Abs. 2 und 4 MarkenG haben. Dieser
würde voraussetzen, dass die privaten Fernsehsender einen
ähnlichen Werktitel wie der NDR benutzen und dass dieser
Titel geeignet ist, Verwechslungen mit der geschützten Bezeichnung des NDR hervorzurufen. Eine Gefahr, dass die
Zuschauer die Sendungen wegen der ähnlichen Bezeichnungen verwechseln, ist aber zu verneinen, denn im Regelfall wissen die Fernsehzuschauer, welchen Sender sie ein-
geschaltet haben.

Ferner könnte eine Rufausbeutung eines bekannten Werk-
titels nach § 15 Abs. 3 MarkenG vorliegen, da diese Bestimmung auch dann greift, wenn keine Verwechslungsgefahr besteht. Dieser Schutz setzt jedoch ein unlauteres
Verhalten voraus. Ein solches liegt hier nicht vor, da auch
die privaten Fernsehsender ein berechtigtes Interesse daran

haben, für ihre Nachrichtensendungen „sprechende" Titel zu verwenden. Für eine tägliche Nachrichtensendung gibt es nämlich nur beschränkte Möglichkeiten, solche Titel zu bilden. Würde der Bestandteil „Tages-" für die ARD monopolisiert, würde dies berechtigte Interessen der privaten Anbieter unzumutbar beschneiden. Ein Unterlassungsanspruch nach § 15 MarkenG besteht daher nicht (BGH, Urt.v. 1.3.2001 – I ZR 211/98, WRP 2001, 1188 = GRUR 2001, 1050).

Aus den gleichen Gründen ist auch eine Markenverletzung nach § 14 MarkenG zu verneinen.

Fall 14: Da die Stadt Zwickau den Namen nicht markenmäßig nutzt, kommt nur ein Anspruch nach § 12 BGB in Betracht. Im vorliegenden Fall besteht aber die Besonderheit, dass sich zwei Namensgleiche gegenüberstehen. Bei Namensgleichen steht nach der Rechtsprechung des BGH die Domain demjenigen zu, der sie zuerst beantragt hat, es sei denn, es handelt sich um einen Namen von überragender Bekanntheit. Die „Kohlenhandlung Zwickau KG" hat die Domain als Erster beantragt. Sie müsste sie nur herausgeben, wenn „Zwickau" ein Name von überragender Bekanntheit wäre und er diese Bekanntheit der Stadt zu verdanken hat. Es reicht also nicht aus, dass die Stadt relativ bekannt ist, sondern es muss sich um einen Stadtnamen handeln, der jedem bekannt ist. Dies ist bei einer 100.000-Einwohner-Stadt nicht der Fall, es sei denn, sie ist unabhängig von der Einwohnerzahl aus besonderen Gründen berühmt (z.B. Heidelberg). Da letzteres bei Zwickau zu verneinen ist, hat die Stadt keinen Anspruch auf Herausgabe der Domain.

Fall 15: Bei „Rechtsberatung" handelt es sich um die Beschreibung einer Tätigkeit. Einer Markeneintragung steht daher § 8 Abs. 2 Nr. 2 MarkenG entgegen. Dieser Ausschlussgrund gilt aber nicht im Bereich der Domain-Namen. Wer eine Gattungsbezeichnung als Domain zugeteilt bekam, muss jedoch nach dem UWG dafür sorgen, dass bei den

Internetnutzern nicht der unzutreffende Eindruck entsteht, er sei der einzige Anbieter. Im Regelfall muss er dies auf seiner Homepage daher ausdrücklich klarstellen.

Fall 16:
a) Das neue Parfum
Bei der Verwendung des Namens „Christus" für ein Parfum können religiöse Empfindungen verletzt werden. Aufgrund eines Verstoßes gegen die guten Sitten ist dieser Begriff daher nach § 8 Abs. 2 Nr. 5 MarkenG nicht eintragungsfähig.

Auch die Duftzusammensetzung kann nach dem MarkenG nicht geschützt werden. Marken können nur eingetragen werden, wenn sie sich graphisch darstellen lassen (§ 8 Abs. 1 MarkenG). Dies ist bei Geruchsmarken nicht möglich, denn es gibt kein objektives System zur Beschreibung von Gerüchen, das eine genaue Wiedergabe eines bestimmten Geruchs erlauben würde (vgl. EuGH, Urt.v. 12.12.2002 – C-273/00 – Sieckmann, GRUR 2003, 145). Daher können entsprechende Marken nach § 8 Abs. 1 MarkenG nicht in das Markenregister eingetragen werden.

Dagegen kann eine auffällige Flaschenform grundsätzlich nach dem MarkenG geschützt werden. § 3 Abs. 1 MarkenG erwähnt ausdrücklich „dreidimensionale Gestaltungen" einschließlich der Verpackung einer Ware. Wie alle Marken muss auch die Verpackung unterscheidungskräftig sein. Im vorliegenden Fall dürfte dies zu bejahen sein. Zu prüfen ist noch, ob der Petersdom nach § 8 Abs. 2 Nr. 5 MarkenG von der Eintragung ausgeschlossen ist, da es sich um den Sitz des Papstes handelt. Bei einem nur mittelbaren Religionsbezug wird man dies aber verneinen müssen. Die Flaschenform ist daher nach dem MarkenG eintragungsfähig.

b) Der Streit mit der Axel X. Schweiss GmbH
Ein Unterlassungsanspruch könnte auf §§ 5, 15 Abs. 2 MarkenG gestützt werden. Allerdings benutzt die Axel X.

100

Schweiss GmbH die Bezeichnung „Paul Puma" nicht als Unternehmens-, sondern als Produktkennzeichen. Zwischen geschäftlichen Bezeichnungen und Marken gibt es aber Überschneidungen. In der sog. Leysieffer-Entscheidung hat der BGH (Urt.v. 9.10.2003 – I ZR 65/00, GRUR 2004, 512) dazu ausgeführt: „Infolge der allen Kennzeichenrechten gemeinsamen Herkunftsfunktion gehen firmen- und markenmäßiger Gebrauch ineinander über. Eine Unternehmensbezeichnung kann daher auch dadurch verletzt werden, dass sie von einem Dritten als Marke verwendet wird, ebenso wie umgekehrt eine Marke auch dadurch verletzt werden kann, dass ein Dritter, der ähnliche Waren oder Dienstleistungen anbietet, sie als Bezeichnung seines Unternehmens verwendet." Hier wird von dem kleineren Unternehmen der Name der bekannten Konkurrenz in einer Weise genutzt, die Verwechslungen mit dem bekannten Unternehmen hervorrufen kann. Allein der Umstand, dass der eigene Unternehmensname in größeren Buchstaben erscheint als der der Konkurrenz, vermag eine Verwechslungsgefahr nicht auszuschließen. Ein Unterlassungsanspruch ist daher gegeben.

Lösung Abwandlung:
Denkbar ist ein Schutz nach dem UrhG. Im Regelfall wird man aber die „schöpferische Leistung" bei der Schaffung eines neuen Parfums verneinen müssen (vgl. Gruber, GRUR Int. 2006, 963). Wenn das UrhG nicht greifen sollte, kommt ein Unterlassungsanspruch nach dem UWG in Betracht.

Fall 17:
a) Schutz der Spielidee
aa) Schutz nach dem UrhG
Ein sog. Showformat, also das Konzept einer Fernsehshow, genießt urheberrechtlich keinen Schutz, denn nach dem UrhG werden nur Werke geschützt. Eine vom konkreten Inhalt der einzelnen Folge der Show losgelöste allgemeine Anleitung zur Gestaltung einer Fernsehshow ist aber kein

Werk (BGH, Urt.v. 26.6.2003 – I ZR 176/01, WRP 2003, 1135 = GRUR 2003, 876).

bb) Schutz nach dem UWG

Ein wettbewerbsrechtlicher Unterlassungsanspruch nach §§ 3, 8 UWG setzt ein Wettbewerbsverhältnis voraus. Beide Parteien – also der Fernseh- und der Radiosender – müssten auf demselben Markt tätig sein. Ein solches Wettbewerbsverhältnis ist dann zu bejahen, wenn nach der Lebenserfahrung in einer nicht zu vernachlässigenden Zahl von Fällen von den potentiellen Kunden zwischen den beiden Anbietern gewählt wird. Diese Voraussetzung wird man hier wohl bejahen können.

Da die Spielidee als solche nicht geschützt werden kann und durch die Verwendung eines ähnlichen Titels der Anschein eines Zusammenhangs zwischen den beiden Sendungen erweckt wird, ist die Übernahme dieser Idee durch einen Konkurrenten unlauter (§ 4 Nr. 9 UWG). RTL kann daher einen Unterlassungsanspruch geltend machen und der Konkurrenz die Nachahmung der Spielidee untersagen.

b) Schutz des Titels

Der Sendetitel ist als Geschäftliche Bezeichnung nach §§ 5, 15 MarkenG geschützt. Der Radiosender nutzte hier zwar nur einen ähnlichen Titel; dieser ist aber aufgrund des identischen Satzaufbaus geeignet, Verwechslungen mit der geschäftlichen Bezeichnung hervorzurufen. RTL steht daher bezüglich des Titels ein Unterlassungsanspruch nach § 15 Abs. 2 und 4 Marken gegen den Radiosender zu.

Fall 18: Frau Mehlmann nutzt die Marke „Mercedes" im geschäftlichen Verkehr. Mercedes ist eine sehr bekannte Marke der DaimlerChrysler AG und genießt daher nach § 14 Abs. 2 Nr. 3 MarkenG einen besonderen Schutz. Die DaimlerChrysler AG hätte somit einen Unterlassungsanspruch, wenn Frau Mehlmann die Wertschätzung der Marke ohne rechtfertigenden Grund in unlauterer Weise beinträchtigen würde. „Mercedes" ist jedoch der Eigenname von Frau Mehlmann. Sie hat deswegen ein berechtigtes Interesse, diesen Namen zu nutzen; Unlauterkeit liegt daher nicht vor. Ein Unterlassungsanspruch gegen Frau Mehlmann besteht also nicht.

Fall 19: Die Deutsche Telekom ist Datenbankherstellerin, da das Telefonbuch eine Datenbank i.S.d. § 87a Abs. 1 UrhG ist. Telefonverzeichnisse stellen eine Sammlung von Daten dar, die systematisch angeordnet und einzeln zugänglich sind. Als Herstellerin einer Datenbank steht ihr ein Leistungsschutzrecht nach § 87b Abs. 1 UrhG zu. Aufgrund dieses Rechts, das sich u.a. auf die Vervielfältigung und Verbreitung eines nach Art und Umfang wesentlichen Teils der Datenbank erstreckt, kann die Telekom von dem Konkurrenzunternehmen Unterlassung nach § 97 Abs. 1 UrhG beanspruchen (BGH, Urt.v. 6.5.1999 – I ZR 199/96, MMR 1999, 470). Ein möglicher Anspruch nach dem UWG wegen unlauterer Übernahme einer fremden Leistung oder wegen Ausbeutung des Rufes der Telekom tritt gegenüber dem Sonderrechtsschutz nach dem UrhG zurück.

Fall 20: Der Werbespruch könnte gegen das UWG verstoßen. Grundsätzlich ist eine das soziale Verantwortungsgefühl ansprechende Werbung zulässig. Voraussetzung ist allerdings, dass keine Irreführung vorliegt und der angekündigte gute Zweck tatsächlich auch realisiert wird. Dies ist hier gegeben; eine Klage hätte daher keine Aussicht auf Erfolg.
Um sicher zu gehen, sollte zusätzlich in der Werbung die Nummer eines Spendenkontos genannt werden, da – zumindest nach der älteren Rechtsprechung – gefordert wird, dass dem Verbraucher eine Alternative zum Kauf beschrieben wird, durch welche er ebenfalls Gutes tun kann.

Fall 21: Das Urheberrecht entsteht automatisch mit der Schöpfung des Werks. Eine Anmeldung des Werkes bei einer Institution ist nicht möglich. Teile eines Buches dürfen nach § 53 UrhG für private Zwecke kopiert werden, ohne dass der Autor dagegen vorgehen kann. Der Autor hat aber die Möglichkeit, sich an die VG Wort zu wenden, welche ihre Einnahmen, wozu u.a. auch die Geräteabgabe auf Kopiergeräte gehört, an die Autoren ausschüttet.

Fall 22: Rolls Royce ist eine bekannte Marke, mit welcher der Verbraucher Luxus und Exklusivität verbindet. Hier könnte durch die Benutzung der typischen Kennzeichen eines Rolls Royce-Fahrzeugs eine unzulässige Rufausbeutung vorliegen. Durch die Nutzung dieser Kennzeichen in der Werbung soll das Image von Rolls Royce auf den Whiskey transferiert werden. Damit liegt ein Verstoß gegen §§ 4, 14 Abs. 2 Nr. 3 MarkenG vor (BGH, Urt.v. 9.12.1982 – I ZR 133/80, NJW 1983, 1431 = GRUR 1983, 247).

Fall 23: DPMA, Bundespatentgericht, Bundesgerichtshof.

Fall 24: Einen Anspruch auf eine Abmahngebühr hat nur derjenige, der aufgrund des Wettbewerbverstoßes auch klagebefugt wäre. Da Verbraucher nach dem UWG nicht klagebefugt sind, steht dem Brötchenkäufer kein Anspruch auf eine Abmahngebühr zu. Izmir Murad ist zwar Gewerbetreibender, aber kein Mitbewerber von Bäcker Blähmann. Somit kann auch er keine Abmahngebühr beanspruchen.

Grundsätzlich anspruchsberechtigt sind dagegen der Verband und der Bäcker aus Berlin. Beim Verband wäre noch zu prüfen, ob ihm eine erhebliche Zahl von Unternehmern angehört (§ 8 Abs. 3 Nr. 2 UWG). In beiden Fällen wäre außerdem zu prüfen, ob die Geltendmachung eines Unterlassungsanspruchs hier missbräuchlich ist (§ 8 Abs. 4 UWG), was allerdings angesichts der Art des gerügten Wettbewerbsverstoßes nicht wahrscheinlich ist.

104

▶ Unsere 📖 Skripten 📇 Karteikarten 🎧 Hörbücher (Audio-CDs)

Zivilrecht (je 6,60 €*)
- Standardfälle für Anfänger
- Standardfälle für Fortgeschrittene (7,90 €)
- Standardfälle Schuldrecht
- Standardfälle Ges. Schuldverh. (§§ 677, 812, 823)
- Standardfälle Sachenrecht
- Standardfälle Familien- und Erbrecht
- Originalklausuren Übung für Fortgeschrittene
- Basiswissen BGB (AT) (Frage-Antwort)
- Basiswissen BGB (BT) – KaufR, WerkvR (Frage-Antwort)
- Einführung in das Bürgerliche Recht
- BGB (AT) (9,90 €)
- Schuldrecht (AT) (9,90 €)
- Schuldrecht (BT) 1 - §§ 437, 536, 634, 670 ff.
- Schuldrecht (BT) 2 - §§ 812, 823, 765 ff.
- Sachenrecht 1 – Bewegliche Sachen
- Sachenrecht 2 – Unbewegliche Sachen
- Familienrecht
- Erbrecht
- Streitfragen Schuldrecht
- 🎧 Definitionen für die Zivilrechtsklausur (9,90 €)

Strafrecht (je 6,60 €*)
- Standardfälle für Anfänger Band 1 (7,90 €)
- Standardfälle für Anfänger Band 2
- Standardfälle für Fortgeschrittene (8,90 €)
- Basiswissen Strafrecht (AT) (Frage-Antwort)
- Strafrecht (AT)
- Strafrecht (BT) 1 – Vermögensdelikte (7,90 €)
- Strafrecht (BT) 2 – Nichtvermögensdelikte (7,90 €)
- Jugendstrafrecht/Strafvollzug/Kriminologie
- 🎧 Definitionen für die Strafrechtsklausur

Öffentliches Recht (je 6,60 €*)
- Standardfälle Staatsrecht I – StaatsorgaR (7,90 €)
- Standardfälle Staatsrecht II – Grundrechte (7,90 €)
- Standardfälle für Anfänger (StaatsorgaR u. Grundrechte)
- Standardfälle Verwaltungsrecht (AT) (7,90 €)
- Standardfälle Verwaltungsrecht für Fortgeschrittene
- Standardfälle Baurecht (7,90 €)
- Standardfälle Europarecht (7,90 €)
- 🎧 Basiswissen Staatsrecht I – StaatsorgaR (Frage-Antw.)
- 🎧 Basiswissen Staatsrecht II – GrundR (Frage-Antw.)
- Basiswissen Verwaltungsrecht AT– (Frage-Antwort)
- Staatsorganisationsrecht (9,90 €)
- Grundrechte (9,90 €)
- Staatshaftungsrecht (7,90 €)
- Verwaltungsrecht (AT) 1 – VwVfG
- Verwaltungsrecht (AT) 2 – VwGO
- Verwaltungsrecht (BT) 1 – POR (7,90 €)
- Verwaltungsrecht (BT) 2 – Baurecht
- Verwaltungsrecht (BT) 3 – Umweltrecht
- 🎧 Grundriss Europarecht (9,90 €)
- Definitionen Öffentliches Recht (8,90 €)

Steuerrecht (je 6,60 €*)
- Abgabenordnung (AO)
- Einkommensteuerrecht (EStG) (7,90 €)
- Umsatzsteuerrecht (UStG) (7,90 €)
- Erbschaftsteuerrecht: erscheint ca. April 2008!
- Steuerstrafrecht/Verfahren/Steuerhaftung (7,90 €)

Sozialrecht (je 6,60 €*)
- Kinder- und Jugendhilferecht
- Sozpäd. Diagn.: SPFH & ambul. Hilfen d. KJH
- Sozialrecht

Nebengebiete (je 6,60 €*)
- Standardfälle Handels- & GesellschaftsR
- Standardfälle Arbeitsrecht (7,90 €)
- Basiswissen Handelsrecht (Frage-Antwort)
- Basiswissen Gesellschaftsrecht (Frage-Antw.)
- Basiswissen ZPO (Frage-Antwort) (7,90 €)
- Handelsrecht
- Gesellschaftsrecht
- Arbeitsrecht (7,90 €)
- Kollektives Arbeitsrecht (7,90 €)
- ZPO I – Erkenntnisverfahren (7,90 €)
- ZPO II – Zwangsvollstreckung
- Strafprozessordnung – StPO
- Internationales Privatrecht – IPR (7,90 €)
- Insolvenzrecht
- Gewerbl. Rechtsschutz/Urheberrecht (7,90 €)
- Wettbewerbsrecht (7,90 €)
- 500 Spezial-Tipps f. Juristen (10,90 €)
- Mediation (7,90 €)

Karteikarten (je 8,90 €)
- Grundlagen des Zivilrechts
- Streitfragen Strafrecht
- Strafrecht (BT) 1 - Vermögensdelikte
- Strafrecht (BT) 2 – Nichtvermögensdelikte

Assessorexamen (je 6,60 €*)
- Die Relationstechnik
- Der Aktenvortrag im Strafrecht
- Der Aktenvortrag im Wahlfach Strafrecht
- Der Aktenvortrag im Zivilrecht
- Der Aktenvortrag im Öffentlichen Recht
- Urteilsklausuren Zivilrecht
- Anwaltsklausuren Zivilrecht
- Staatsanwaltl. Sitzungsdienst & Plädoyer
- Die strafrechtliche Assessorklausur
- Die öff.-rechtl. Assessorklausur Bd.1 (7,90 €)
- Die öff.-rechtl. Assessorklausur Bd.2
- Zwangsvollstreckungsklausuren
- Vertragsgestaltung in der Anwaltsstation

BWL & VWL (je 6,60 €*)
- Einführung in die Betriebswirtschaftslehre
- Einführung in die Volkswirtschaftslehre
- Ratg. „500 Spezial-Tipps für BWLer"
- Rechnungswesen
- Marketing
- Organisationsgestaltung & -entwickl. (7,90 €)
- Internationales Management
- Unternehmensführung
- Wie gelingt meine wiss. Abschlussarbeit?
- Ratgeber Assessment Center

Schemata (9,90 €)
- Die wichtigsten Schemata ZivR,StrafR,ÖR

* 6,60 Euro, soweit nicht ein anderer Preis in ( ) angegeben ist! Irrtümer/Änd. vorbehalten!

🎧 bedeutet: auch als **Hörbuch** (Audio-CD) lieferbar (7,90 €)

Im **niederle-shop.de** bestellte Artikel treffen idR *nach 1-2 Werktagen* ein!